श्री गणेश पूजा विधी

SHRI GANESH PUJA VIDHI

श्री गणेश पूजा विधी

SHRI GANESH PUJA VIDHI

आनंद कृष्णाजी कणेकर

Anand K Kanekar

Indus Source Books

Indian Spirit, Universal Wisdom

Indus Source Books
42/43C, Balaji Bhavan, Sakal Bhavan Road,
Sector 11, CBD Belapur, Navi Mumbai 400614
INDIA
Email: info@indussource.com
www.indussource.com

श्री गणेश पूजा विधी

SHRI GANESH PUJA VIDHI

ISBN: 978-93-85509-96-4

First printed by Indus Source Books in 2025

Cover design: Ajay Mahadik

Printed at Deepak Multi Offset, Pune

Dedicated to my parents
Late Aappa & Kaki.
Special thanks to.. Mrs. Jyotsna Anand Kanekar.

CONTENTS

- पूजेचे साहित्य 1
- शोडष पूजेची सुरुवात 2
- देवता वंदन 6
- संकल्प 9
- श्रीमहागणपति स्मरण 11
- आसनशुद्धि, भूतोत्सारण आणि न्यास 13
- षडंगन्यास 15
- कलशपूजा 18
- शंख पूजा 20
- प्रोक्षण 21
- प्राणप्रतिष्ठ 22
- ध्यानम् 25
- पूर्वपूजा 30
- श्रीगणेश अथर्वशीर्ष 33
- अंगपूजा 42
- गणेश नामावली 44
- नैवेद्य 50
- तांबूल 52
- फळे 53
- अर्घ्यप्रदान 54
- प्रार्थना 55
- तीर्थग्रहण 57
- विसर्जन : मंत्र 59
- श्रीगणेश आरती 62
- घालीन लोटांगण 63
- आरती गजाननाची 64

- **PUJA MATERIALS** 65
- **BEGINNING OF SHODASHA PUJA** 66
- **DEVATAA VANDAN** 70
  (Salutation to Deities)
- **SANKALPA** 74
  (Resolution)
- **SHRI MAHAAGANAPATI SMARAN** 77
  (Remembrance of Shri Mahaaganapati)
- **AASANASHUDDHI, BHUTOTSAARANA, AND NYAASA** 79
- **SHADANGANYAASA** 81
- **KALASHA PUJA** 84
  (Worship of the Water Pot)
- **SHANKHA PUJA** 86
  (Worship of the Conch)
- **PROKSHANA** 87
  (Sprinkling)
- **PRAANAPRATISHTHAA** 88
  (Enlivening the Idol)
- **DHYAANAM** 91
  (Meditation)
- **PURVA PUJA** 97
  (Preliminary Worship)
- **SHRI GANESHA ATHARVASHIRSHA** 100
- **ANGAPUJA** 111
  (Worship of Body Parts)
- **SHRI GANESHA NAAMAAVALI** 113
  (110 Names of Ganesha)
- **NAIVEDYA** 120

- **TAMBUL** 123
  (Betel Leaf Offering)
- **PHALE** 124
  (Fruits)
- **ARGHYAPRADAAN** 125
  (Offering of Arghya)
- **PRAARTHANAA** 127
  (Prayer)
- **TIRTHAGRAHAN** 129
  (Acceptance of Holy Water)
- **VISARJANA MANTRA** 131
  (Immersion)
- SHRI GANESHA AARATI 135
- GHALIN LOTAANGANA 136
- AARATI GAJAANANAACHI 137

पूजेचे साहित्य

हळद, कुंकु, सिंदुर, कुंकुमाक्षता, बुक्का, रांगोळी, अत्तर, चौसर, यज्ञोपवीत, कापूर, उदबत्ती, अष्टगंध, दोन नारळ, गूळ, खोबऱ्याची वाटी, विड्याची पाने (२०), सुपाऱ्या (१०), सुटी नाणी, घंटा, शंख, समई, निरांजन, कलश, पळी-भांडे, ताम्हन, तीर्थासाठी भांडे, पंचामृत (दूध, दही, तुप, मध, साखर), पत्री, फुले, दूर्वा, तुळस, बेल, शमी, पाच प्रकारची फळे.

शोडष पूजेची सुरुवात

धूतलेले स्वच्छ कपडे अथवा सोवळे नेसावे. आपल्या कपाळाला गंध लावावे. (मधल्या बोटाने)

नारळ विड्यावर अक्षता व पाणी घालावे. नंतर तो नारळ व विडा देवघरात ठेवावा.

विश्वात्मक परमेश्वराला सर्व दिशांना, देवघरातील देवांना, घरातील मोठ्या मंडळींना नमस्कार करून, गणेशमूर्तीसमोर पाटावर बसून पूजेस प्रारंभ करावा.

मूर्ती ठेवायच्या जागी तांदूळ पसरून आसन निर्माण करावे व त्यावर कुंकवाचे स्वातिक काढावे.

मूर्तीचे मुख पूर्वेस अथवा पश्चिमेस राहिल, अशा पद्धतीने स्थापना करावी मूर्ती समोर रांगोळी काढावी.

समई प्रज्वलित करावी. उदबत्ती लावावी. चौरंगावर उजव्या बाजूस शंख, डाव्या बाजूला घंटा ठेवावी. शुद्ध जलाचा तांब्या भरून घ्यावा व उजव्या बाजूस ठेवावा.

तांब्यातील पाणी पेल्यात ओतून घ्यावे. पळीने उजव्या तळहातावर पाणी घेऊन ते खालील देवाची तीन नावे उच्चारून प्यावे.

ॐ केशवाय नमः ।
ॐ नारायणाय नमः ।
ॐ माधवाय नमः ।

नंतर

ॐ गोविंदाय नमः ।

हे नाम उच्चारून, पळीभर पाणी ताम्हणात सोडावे. हा मंत्रोत्चार दोन वेळा करावा

पुढील नावे हात जोडून म्हणावी

ॐ विष्णवे नमः ।
ॐ मधुसूदनाय नमः ।
ॐ त्रिविक्रमाय नमः ।

ॐ वामनाय नमः ।
ॐ श्रीधराय नमः ।
ॐ दामोदराय नमः ।

ॐ संकर्षणाय नमः ।
ॐ वासुदेवाय नमः ।
ॐ प्रद्युम्नाय नमः ।

ॐ अनिरुध्दाय नमः ।
ॐ पुरुषोत्तमाय नमः ।
ॐ अधोक्षजाय नमः ।

ॐ नारसिंहाय नमः ।
ॐ अच्युताय नमः ।
ॐ जनार्दनाय नमः ।

ॐ उपेन्द्राय नमः ।
ॐ हरये नमः ।
ॐ श्रीकृष्णाय नमः ।

उजवी नाकपुडी अंगठ्याने बंद करावी. डाव्या नाकपुडीने श्वास घ्यावा. तो रोखून धरावा व गायत्री मंत्र म्हणावा.

ॐ भूः, ॐ भुव, ॐ स्वः, ॐ महः
ॐ जनः, ॐ तपः, ॐ सत्यम्
ॐ भूर्भूव स्वः ।
ॐ तत्सवितुर्वरेण्यं भर्गो देवस्य धीमहि ।
धियो यो नः प्रचोदयात् ।।

ॐ आपो ज्योती रसोऽमृतंम् ब्रह्म भूर्भव स्वरोम् ।।

आता अनामिकेने डावी नाकपुडी बंद करून उजव्या नाकपुडीतून श्वास सोडावा.
अक्षता घेऊन, हात जोडून देवाला वंदन करावे व ध्यान करावे.

देवता वंदन

हात जोडून खालील मंत्र शांत मनाने सावकाश म्हणावे.

ॐ श्रीमन्महागणाधिपतेय नमः । श्रीसरस्वत्यै नमः ।

श्रीगुरुभ्यो नमः । वेदाय नमः । वेदपुरुषाय नमः ।

इष्टदेवताभ्यो नमः । कुलदेवताभ्यो नमः ।

ग्रामदेवताभ्यो नमः । स्थानदेवताभ्यो नमः ।

वास्तुदेवताभ्यो नमः । शचीपुरंदराभ्यां नमः ।

उमामहेश्वराभ्यां नमः । मातापितृभ्यां नमः ।

आदित्यादिनवग्रहदेवताभ्यो नमः ।

सर्वेभ्यो देवेभ्यो नमः ।

सर्वेभ्यो ब्राह्मणेभ्यो नमः ।

एतत्कर्मप्रधानदेवताभ्यो नमः ।

अविघ्नमस्तु ।।

प्रारंभकार्य निर्विघ्नमस्तु ।।

सुमुखश्चैकदंतश्च कपिलो गजकर्णकः ।
लंबोदरश्च विकटो विघ्ननाशो गणाधिपः ।।
धूम्रकेतुर्गणाध्यक्षो भालचंद्रो गजाननः ।
द्वादशैतानि नामानि यः पठेच्छृणुयादपि ।।
विद्यारंभे विवाहे च प्रवेश निर्गमे तथा ।
संग्रामे संक्टे चैव विघ्नस्तस्य न जायते ।।
शुक्लांबरधरं देवं शशिवर्णं चतुर्भुजं ।
प्रसन्नवदनं ध्यायेत् सर्वविघ्नोपशांतये ।।
सर्वमंगलमांगल्ये शिवे सर्वार्थसाधिके।
शरण्ये त्र्यंबकेगौरि नारायणि नमोऽस्तुते ।।
सर्वदा सर्वकार्येषु नास्ति तेषाममंगलम् ।
येषा हृदिस्थो भगवान्मंगलायतनं हरिः ।।
तदेव लग्न सुदिनं तदेव ताराबलं चंद्रबलं तदेव ।
विद्याबलं दैवबल तदेव लक्ष्मीपते तेंघ्रियुगं स्मरामि ।।
लाभस्तेषां जयस्तेषां. कुतस्तेषां पराजयः ।
येषाम् इन्दीवरश्यामो हृदयस्थो जनार्दन ।।
विनायकंगुरुं भानुं ब्रह्मविष्णुमहेश्वरान् ।।
सरस्वती प्रणम्यादौ सर्वकार्यार्थसिद्धये ।।
अभीप्सितार्थसिद्ध्यर्थं पूजितो यः सुरासुरैः ।
सर्वविघ्नहरस्तस्मै गणाधिपतये नमः ।।
वक्रतुंड महाकाय सूर्यकोटिसमप्रभ ।
निर्विघ्नं कुरु मे देव सर्वकार्येषु सर्वदा ।।

गणनाथसरस्वतीरविशुक्रबृहस्पतीन् ।
पंचैतानि स्मरेन्नित्यं वेदवाणी प्रवृत्तये ।।
गुरुर्ब्रह्मा गुरुर्विष्णुर्गुरुर्देवो महेश्वरः ।
गुरुः साक्षात्परब्रह्म तस्मै श्रीगुरवे नमः ।।
यत्र योगेश्वरः कृष्णो यत्र पार्थो धनुर्धरः ।
तत्र श्रीर्विजयो भूतिर्ध्रुवो नीतिर्मतिर्मम ।।
सर्वेष्वारब्धकार्येषु त्रयास्त्रिभुवनेश्वराः ।
देवा दिशन्तु नः सिद्धिं ब्रह्मोशानजनार्दनाः ।।

संकल्प

श्रीमद्‌भगवतो महापुरुषस्य विष्णोराज्ञया प्रवर्तमानस्य अद्य ब्रह्मणो द्वितीये परार्धे विष्णुपदे श्रीश्वेतवाराहकल्पे वैवस्वतमन्वंतरे अष्टाविंशतिमे युगचतुष्के कलियुगे कलिप्रथमचरणे जंबुद्वीपे भरतवर्षे भरतखण्डे दक्षिणापथे इषुपातरामक्षेत्रे बौद्धावतारे दण्डकारण्ये देशे गोदावर्याः दक्षिणे तीरे शालिवाहन शके-----नाम संवत्सरे,-----अयने,------ ऋतौ-----मासे,-----पक्षे,-------- तिथौ-----वासरे अद्य दिवस-----नक्षत्रे----विष्णुयोगे विष्णुकरणे शुभनामयोगे शुभकरणे, वर्तमान चंद्रे,-----स्थिते श्रीसूर्ये,----- स्थिते देवगुरौ, शेषेषु ग्रहेषु यथायथं राशिस्थानस्थितेषु सत्सु एवंगुणविशेषणविशिष्टायां शुभपुण्यतिथौ/मम आत्मनः श्रुति - स्मृति - विजय - अभय - आयुरारोग्यैश्वर्याभिवृद्‌ध्यर्थं द्विपदचतुष्पदसहितानां

शान्त्यर्थ्यं पुष्ट्यर्थं, तुष्ट्यर्थं समस्तमंगलावाप्त्यर्थं समस्तदुरितापशात्यर्थं समस्ताभ्युदयार्थं च इष्टकामसंसिद्ध्यर्थं कल्पोक्तफलावाप्त्यर्थं मम इह जन्मनि जन्मजन्मांतरे च सकुटुंबस्य क्षेम स्थित्यायुरारोग्यैश्वर्यादिवृद्धि सर्वकामनिर्विघ्नसिद्धि पुत्र-पौत्रधनधान्यविद्याजययशसमृद्धिद्धारा अद्य भाद्रपद शुक्ल-चतुर्थ्यां प्रतिवार्षिकं विहितं श्रीसिद्धिविनायकदेवताप्रीत्यर्थं यथाशक्ति यथाज्ञानेन यथामिलितोपचारद्रव्यैः ध्याना-वाहनादिषोडशोपचारैः पूजां करिष्ये । तथा च आसनादि - दिग्बंधादि - कलशपूजनं शंखार्चनं घंटाराधनं दीपपूजनं च करिष्ये । शरीरशुद्ध्यर्थं षडंगन्यासं च करिष्ये । आदौ निर्विघ्नतासिद्ध्यर्थं श्रीमहागणपतिस्मरणं च करिष्ये ।

(असा संकल्प हातात पळीभर पाणी गंधाक्षतासहित ताम्हनात सोडावा.)

श्रीमहागणपति स्मरण

गणानांत्वा शौनको गृत्समदो गणपतिर्जगती ।
गणपतिस्मरणे विनियोगः ।।
ॐ गणानां त्वा गणपतिं हवामहे
कविं कवीनामुपमश्रवस्तमम् ।
ज्येष्ठराजं ब्रह्मणां ब्रह्मणस्पत आ नः
शृण्वन्नूतिभिः सीद सादनम् ।

ऋद्धिसिद्धिसहितं सांगं सपरिवारं सायुधं सशक्तिकं
श्री महागणपतिं स्मरामि ।
श्री महागणाधिपतेय नमः । निर्विघ्नं कुरु ।।
(असे म्हणून श्री गणपतीला नमस्कार करावा.)

श्री गजानन कृपा प्राप्त्यर्थ गजानन पूजा करिष्ये असा पवित्र संकल्प सोडून एक पळीभर पाणी ताम्हणात सोडावे.

श्री गणेशाचे मनोभावे स्मरण करून नमस्कार करावा. उजवा हात तांब्यावर ठेवून कलशाची प्रार्थना करावी. कलशात गंध, अक्षता व फुले वाहून नमस्कार करावा. शंखालाही गंध, फुल वाहावे व नमस्कार करावा.

आसनशुद्धि, भूतोत्सारण आणि न्यास

आसनशुद्धि

(भूमीवर उजव्या हाताने स्पर्श करून म्हणावे.)

ॐ पृथ्वि त्वया धृता लोका देवि त्वं विष्णुना धृता ।
त्वं च धारय मां देवि पवित्र कुरु चासनम् ।।

भूतोत्सारणः

(हातात अक्षता घेऊन त्या दक्षिणेस फेकाव्यात आणि म्हणावे.)

ॐ अपसर्पन्तु ते भूता ये भूता भूमिसंस्थिताः ।
ये भूता विघ्नकर्तारस्ते नश्यंतु शिवाज्ञया ।।
अपक्रामंतु भूतानि पिशाचाः सर्वतो दिशम् ।
सर्वेषांविरोधेन पूजाकर्म समारंभे ।।

तीक्ष्णदंष्ट्र महाकाय कल्पांतदहनोपम ।
भैरवाय नमस्तुभ्यमनुज्ञां दातुमर्हसि ।।
(पूजाकर्म समारंभे ।
वामपादतलपार्श्वेनं भूमिं त्रिस्ताडयेत् ।।)

(डाव्या पायाच्या तळाचा पार्श्वभाग भूमीस तीन वेळा लावावा.)

देवा आयान्तु
यातुधाना अपयान्तु ।
विष्णो देवयजनं रक्षस्व इति भूमौ प्रादेशं कुर्यात् ।।

(उजव्या हाताचा अंगठा व तर्जनी भूमीला लावावी.)

(मनुष्यगंधंनिवारणे विनियोगः ।
येभ्यो माता इत्यस्य गयः प्लात ऋषिः,
विश्वेदेवा देवता, जगती छन्दः ।
एवापित्र इत्यस्य वामदेवगौतम ऋषिः
बृहस्पतिर्देवता, त्रिष्टुप् छन्दः ।)

(असे म्हणून श्री गणपतीला नमस्कार करावा.)

षडंगन्यास

(गणेश चतुर्थीच्या मुख्य पूजेच्या वेळी षडंगन्यास करणे आवश्यक आहे. शरीरशुद्धीसाठी हे करतात. शरीरशुद्ध्यर्थ मांडी घालून दोन्ही हातांनी न्यास करावे.)

ॐ यत्पुरुषं व्यदधुः कतिधा व्यकल्पयन् ।
मुखं किमस्य कौ बाहू का ऊरूपादा उच्येते ।।१।।
अंगुष्ठाभ्यां नमः । हृदयाय नमः ।

(स्वतःच्या हृदयस्थानी उजव्या हाताने स्पर्श करावा.)

ॐ ब्राह्मणोऽस्य मुखमासीद् बाहू राजन्यः कृतः ।
ऊरू तदस्य य द्वैश्यः पद्भ्यां शूद्रो अजायत ।।२।।
तर्जनीभ्यां नमः । शिरसे स्वाहा ।

(मस्तकाला उजव्या हाताने स्पर्श करावा)

ॐ चंद्रमा मनसो जातश्चक्षौः सूर्यो अजायत ।
मुखदिन्द्रश्चाग्निश्च प्राणाद्वायुरजायत ।।३।।
मध्यमाभ्यां नमः । शिखायै वषट् ।।

(शेंडीच्या जागी उजव्या हाताने स्पर्श करावा)

ॐ नाभ्या आसीदन्तरिक्षं शीर्ष्णो द्यौः समवर्तत ।
पद्भ्यां भूमिर्दिशः श्रोत्रात्तथा लोकाँ अकल्पयन्
।।४।।
अनामिकाभ्यां नमः । कवचाय हुम् ।।

घंटेला गंध, फुल, अक्षता, हळद-कुंकु वाहून नमस्कार करावा. घंटानाद करून ती उजव्या बाजूस ठेवावी. समईला फुलाने गंध-फुल व हळदकुंकु वाहून वंदन करावे.

(दोन्ही हातांनी दोन्ही खांद्यापासून नाभीपर्यंत स्पर्श करावा, स्वतःभोवती उजवा हात फिरवावा, कवच धारण केल्याचा अभिनय करावा.)

ॐ सप्तास्यासन् परिधयस्त्रिः सप्त समिधः कृताः ।
देवा यद्यज्ञं तन्वाना अबध्नन्पुरुषं पशुम् ।।५।।
कनिष्ठिकाभ्यां नमः ।। नेत्रत्रयाय वौषट् ।।

(दोन्ही नेत्र व ललाट यांना उजव्या हाताने स्पर्श करावा)

ॐ यज्ञेन यज्ञमयजन्त देवास्तानि

धर्माणि प्रथमान्यासन् ।

ते ह नाकंमहिमानः सचन्त यत्र पूर्वे साध्याः

सन्ति देवा ।।६।।

करतलकरपृष्ठाभ्यां नमः । अस्त्राय फट् ।

भूर्भुवस्वरोम् इति दिग्बंधः ।।

(डाव्या हातावर उजव्या हाताची अनामिक व मधले बोट यांनी तीन वेळा टाळी वाजवावी.)

कलशपूजा

(शुद्ध पाण्याने भरलेल्या कलशावर उजवा हात ठेवून पुढील मंत्र म्हणावेत.)

ॐ आ कलशेषु धावति पवित्रे परिषिच्यते ।
उक्थैर्यज्ञेषु वर्धते ।
कलशस्य मुखे विष्णुः कंठे रुद्रः समाश्रितः ।
मूले तत्र स्थितो ब्रह्मा मध्ये मातृगणाः स्मृताः ।।
कुक्षौ तु सागरः सर्वे सप्तद्वीपा वसुंधरा ।
ऋग्वेदोऽथ यजुर्वेदः सामवेदोह्यथर्वणः ।।
अंगैश्च सहिताः सर्वे कलशं तु समाश्रिताः ।
अत्र गायत्रीसावित्री शांतिः पुष्टिकरी तथा ।
आयान्तु देवपूजार्थं दुरितक्षयकारकाः ।।
गंगे च यमुने चैव गोदावरि सरस्वति ।
नर्मदे सिन्धु कावेरि जलेऽस्मिन्सन्निधिं कुरु ।।

वरुणाय नमः । कलशदेवताभ्यो नमः ।
सकलपूजार्थे गंधाक्षतपुष्पाणि समर्पयामि ।।

(असे म्हणून कलशाला गंध, अक्षता, फूल, तुळशीपत्र वाहावे, पुढील श्लोक म्हणून कलशाची प्रार्थना करावी.)

कलशः कीर्तिमायुष्यं प्रज्ञां मेधां श्रियं बलं ।
योग्यतां पापहानिं च पुण्यं वृद्धिं च यच्छति ।।
सर्वतीर्थमयो यस्मात्सर्वदेवमयो यतः ।
अतो हरिप्रियोऽसि त्वं पूर्णकुंभ नमोऽस्तु ते ।।

शंख पूजा

ॐ पांचजन्याय विद्महे पावमानाय धीमहि ।
तन्नः शंखः प्रचोदयात् ।।
शंखादौ चंद्रदैवत्यं कुक्षो वरुणदेवता ।।
पृष्ठे प्रजापतिश्चैव अग्रे गंगासरस्वती ।।

प्रोक्षण

(कलशशङ्खोदकेन पूजाद्रव्याणि संप्रोक्ष्य आत्मानं च प्रोक्षयेत्- असे म्हणून शंखातील व कलशातील पाणी तुळशीपत्राने अथवा दूर्वांकुराने सर्व पूजासहित्यावर व तसेच स्वतःच्या अंगावरही)

अपवित्रः पवित्रो वा सर्वावस्थां गतोऽपि वा ।
यः स्मरेत्पुंडरीकाक्षं स बाह्याभ्यंतरः शुचिः ।।
(हा मंत्र म्हणून प्रोक्षण करावे.)

प्राणप्रतिष्ठा

दोन दूर्वांकुरांनी देवाला स्पर्श करून खालील मंत्र म्हणावेत-

अस्य श्रीप्राणप्रतिष्ठामंत्रस्य ब्रह्माविष्णुमहेश्वरा ऋषयः ।
ऋग्यजुः सामाथर्वाणि छंदांसि परा प्राणशक्तिर्देवता ।
आं बीजम् । ह्रीं शक्तिः । क्रीं कीलकम् ।
अस्यां मूर्ती देवकलासान्निध्यार्थ प्राणप्रतिष्ठापने
विनियोगः ।

ॐ आं, ऱ्हीं, क्रौं, अं यं लं वं शं षं सं हं क्षं
अः क्रौं ऱ्हीं
आं देवस्य प्राणा इह प्राणाः ।।
ॐ आं, ऱ्हीं, क्रौं, अं यं लं वं शं षं सं हं क्षं
अः क्रौं ऱ्हीं
आं देवस्य जीव इह स्थितः ।।

ॐ आं, ऱ्हीं, क्रौं, अं यं लं वं शं षं सं हं क्षं
अः, क्रौं ऱ्हीं
आं देवस्य वाङ्मनश्चक्षुः श्रोत्रजिव्हाघ्राणपाणि -
पादपायूपस्थादि सर्वेंद्रियाणि सुखं
चिरं तिष्ठंतु स्वाहा ।।
ॐ असुनीते पुनरस्मासुचक्षुः
पुनः प्राणमिहनो धेहिभोगं ।
ज्योक्पश्येम सूर्यमुच्चरन्तमनुमते मृळया
नः स्वस्ति ।।

(ताम्हनात एक पळी पाणी सोडून पुनः दूर्वांकुराने देवाला स्पर्श करावा.)

अस्य देवस्य पंचदशसंस्कारसिद्ध्यर्थं
पंचदश प्रणवावृत्तीः करिष्ये ।

ॐ ॐ असा प्रणवाचा पंधरा वेळा उच्चार करावा. नंतर दूर्वांकुर तुपात बुडवून प्रथम देवाच्या उजव्या डोळ्याला, नंतर डाव्या डोळ्याला त्या दूर्वेने तुप लावावे. त्या वेळी हा मंत्र म्हणावा-)

ॐ तच्चक्षुर्देवहितं शुक्रमुच्चरत् ।
पश्येम शरदः शतं जीवेम शरदः शतम् ।।

(देवाला हात जोडून पुढील मंत्र म्हणावा-)

रक्तांभोधिस्थपोतोल्लुसदरुणसरोजाधिरूढा
कराब्जैः ।
पाशं कोदण्डमिक्षूद्भवमथ गुणमप्यंकुशं
पञ्चबाणान् ।।
बिभ्राणा सृक्कपालं त्रिनयनलसिता
पीनवक्षोरुहाढया ।
देवी बालार्कवर्णा भवतु सुखकरी
प्राणशक्तिः परा नः ।।

(आता देवाच्या ठिकाणी दैवी कलातेज प्रकट झाले आहे असे समजून श्री गणपतीच्या चरणांवर गंधाक्षता फूल वाहावे. गूळ, केळे आदींचा नैवद्य दाखवावा. नमस्कार करावा.)

ध्यानम्

(श्री गणेशाची मूर्ती डोळ्यांसमोर आणून हात जोडावे व म्हणावे-)

ॐ एकदन्ताय विद्महे वक्रतुंडाय धीमहि ।
तन्नो दन्तिः प्रचोदयात् ।।
एकदन्तं शूर्पकर्णं गजवक्त्रं चतुर्भुजम् ।
पाशांकुशधरं देवं ध्यायेत् सिद्धिविनायकम् ।।

गजवदनमचिंत्यं तीक्ष्णदंष्ट्रं त्रिनेत्रं
बृहदुदरमशेषं भूतिराजं पुराणम् ।

आगच्छ देवदेवश तेजोराशे जगत्पते ।।
क्रियामाणां मया पूजां गृहाण सुरसत्तम ।।
श्रीसिद्धिविनायक देवताभ्यो नमः ।
आवाहनार्थे अक्षतान् समर्पयामि ।

(अक्षता वाहणे)

अर्थ – हे तेजोमय देवाधिदेवा ! जगताच्या नाथा! सुरश्रेष्ठा ! माझ्या पूजेचा स्वीकार कर.

आसनः देवाचे आगमन झाल्यावर त्याला बसण्यासाठी आसन देण्याचा मंत्र

नानारत्नसमायुक्तं कार्तस्वरविभूषितम् ।।
आसनं देवदेवश प्रीत्यर्थं प्रतिगृह्यताम् ।।
श्रीसिद्धिविनायक देवाताभ्यो नमः ।

अर्थ – देवाधिदेवा! नाना प्रकारच्या रत्नांनी युक्त आणि सोन्याने मढविलेले आसन तू संतुष्ट व्हावास म्हणून देत आहे. कृपया त्याचा तू स्वीकार कर.
(अक्षतांचे आसन अर्पण करावे.)

पाद्यः पाद्य म्हणजे पाय धुण्यासाठी पाणी देणे.

पाद्यं गृहाण देवेश सर्वक्षेमकरप्रभो ।।
भक्त्या समर्पितं देव लोकनाथ नमोस्तु ते ।।
श्रीसिद्धिविनायक देवाताभ्यो नमः ।
पाद्यं समर्पयापि ।

अर्थ – हे देवाधिदेवा! तू सर्वांचे क्षेम करण्याला समर्थ आहेस. हे लोकनाथा, चरण-प्रक्षालनासाठी हे पाद्य (पाणी) मी तुला

अतिप्रेमाने अर्पण करत आहे. कृपया याचा स्वीकार कर.
(फुलाने गणपतीच्या चरणकमलांवर पाणी शिंपडावे.)

अर्घ्यः अर्घ्य म्हणजे देवाचे पाय धुतल्यानंतर त्याला हात धुण्यासाठी ओंजळभर पाणी द्यावयाचे असते. संध्येच्या पळीत गंध, पुष्प, अक्षता, दूर्वा इ. वस्तू घालून ते पाणी अर्घ्य म्हणून देवाला अर्पण करावे.

नमस्ते देवदेवेश नमस्ते धरणीधर ।।
नमस्ते जगदाधार अर्घ्यं मे प्रतिगृह्यताम् ।।
श्रीसिद्धिविनायकाय नमः ।
हस्तयोः अर्घ्यं समर्पयामि ।

अर्थ – हे देवाधिदेवा! हे भूलोकधारक। हे विश्वाधारभूता। तुला नमस्कार असो. हे मी दिलेले अर्घ्य तू स्वीकारावे.
(असे म्हणून गंध-अक्षतामिश्रित पळीभर जल फुलाने गणपतीच्या अंगावर शिंपडावे.)

आचमन : आचमन याचा येथील अर्थ देवाला पाणी देणे.

कर्पूरवासितं तोयं मंदाकिन्याः समाहृतम ।।
आचम्यतां जगन्नाथ मया दत्तं हि भक्तितः ।।
श्रीसिद्धिविनायक देवताभ्यो नमः ।
आचमनीयं समर्पयामि ।

अर्थ – हे जगन्नाथा! कापुराने सुगंधित केलेले हे गंगाजल मी अतःकरणापासून भक्तिभावाने अर्पण करीत आहे.
(असे म्हणून पळीभर पाणी ताम्हणात सोडावे.)

पंचामृत स्नानः स्नान म्हणजे देवावर पाणी घालणे.

गंगा सरस्वती रेवा पयोष्णी नर्मदाजलैः ।।
स्नापितोस्मि देव तथा शांति कुरुष्व मे ।।
श्रीसिद्धिविनायकाय नमः ।
स्नानं समर्पयामि ।

अर्थ – हे देवा ! गंगा, सरस्वती, रेवा, पयोष्णी नर्मदा इत्यादी नद्यांच्या पाण्याने मी तुला स्नान घालीत आहे. तू माझ्या मनाला शांती प्रदान कर.
(हा मंत्र म्हणून पळीत पाणी घेऊन ते दूर्वा किंवा फुलाने गणपतीच्या अंगावर शिंपडावे. '**पयो दधि धूतं चैव म**

धुशर्करया युतम् । पंचामृतेन स्तपन प्रीयतां परमेश्वर ।
असे म्हणून पंचामृताने स्नान घालवे.)

कापूर, चंदन इत्यादिनी युक्त पाणी पळीत घेऊन त्यात गंध, अक्षता घालून ते अर्पण करावे.
देवाला अत्तर, अक्षता वाहाव्या गरम पाण्याने स्नान
(पळी समईवर कोमट करून)

पूर्वपूजा

श्रीसिद्धिविनायक नमः ।
विलेपनार्थे चंदनं समर्पयामि ।

(गंध लावावे.)

श्रीसिद्धिविनायक नमः ।
पूजार्थे पुष्पाणि समर्पयामि ।।

(फुले वाहावी.)

श्रीसिद्धिविनायक नमः ।
धूपं समर्पयामि ।।

(धूप दाखवावा.)

श्रीसिद्धिविनायक नमः ।
दीपं समर्पयामि ।

(नीरांजन ओवाळावे.)

श्रीसिद्धिविनायक नमः ।

नैवेद्यार्थे पंचामृतशेषनैवेद्यं समर्पयामि ।।

(पंचामृताचा नैवेद्य दाखवावा.)

ॐ प्राणाय स्वाहा । ॐ अपानाय स्वाहा ।

ॐ व्यानाय स्वाहा ।

ॐ उदानाय स्वाहा । ॐ समानाय स्वाहा ।

ॐ ब्रह्मणे स्वाहा ।

(असे मंत्र म्हणावेत.) नंतर-

श्रीसिद्धिविनायक नमः ।

उत्तरापोशनं समर्पयामि ।

हस्तप्रक्षालनं समर्पयामि ।

मुखप्रक्षालनं समर्पयामि ।

(म्हणून पाणी सोडावे.) नंतर-

श्रीसिद्धिविनायक नमः ।

मुखवासार्थे पूगीफलतांबूलं दक्षिणां च समर्पयामि ।

(देवापुढे विड्याची दोन पानें, त्यांवर सुपारी व दक्षिणा ठेवून पाणी सोडावे.) पुन्हा-

श्रीसिद्धिविनायक नमः ।

मंत्रपुष्प समर्पयामि ।

(म्हणून गंध, फूल, अक्षता वाहाव्या. नमस्कार करावा.)

अनेन पूर्वाराधेनेन श्री सिद्धिविनायकः प्रीयताम् ।

(असे म्हणून पाणी सोडावे. पूर्वी देवावर वाहिलेली फुले उत्तरेकडे काढून ठेवावी.)

श्रीगणेश अथर्वशीर्ष

ॐ नमस्ते गणपतये । त्वमेव प्रत्यक्षं तत्त्वमसि ।
त्वमेव केवलं कर्ताऽसि ।। त्वमेव केवलं धर्ताऽसि ।।
त्वमेव केवलं हर्ताऽसि ।।
त्वमेव सर्वं खल्विदं ब्रह्मासि ।।
त्वं साक्षादात्माऽसि नित्यम् ।।१।।
ऋतं वच्मि ।। सत्यं वच्मि ।।२।।
अव त्वं माम् । अव वक्तारम् ।।
अव श्रोतारम् ।। अव दातारम् ।।
अव धातारम् । अवानूचानमव शिष्यम् ।।
अव पश्चात्तात् ।। अव पुरस्तात् ।। अवोत्तरात्तात् ।।
अव दक्षिणात्तात् । अव चोर्ध्वात्तात् ।।
अवाधरात्तात् ।
सर्वतो मां पाहि पाहि समन्तात् ।।३।।
त्वं वाङ्मयस्त्वं चिन्मयः ।।
स्त्वंमानन्दमयस्त्वं ब्रह्ममयः ।।

त्वं सच्चिदानन्दाद्धितीयोऽसि ।।

त्वं प्रत्यक्षं ब्रह्मासि ।।

त्वं ज्ञानमयोविज्ञानमयोऽसि ।।४।।

सर्वं जगदिदं त्वत्तो जायते ।।

सर्व जगदिदं त्वत्तस्तिष्ठति ।।

सर्वं जगदिदं त्वयि लयमेष्यति ।।

सर्वं जगदिदं त्वयि प्रत्येति ।।

त्वं भूमिरापोऽनलोऽनीलो नभः ।।

त्वं चत्वारिवाक्पदानि ।।५।।

त्वं गुणत्रयातीतः । त्वमवस्थात्रयातीतः ।।

त्वं देहत्रयातीतः । त्वं । कालत्रयातीतः ।।

त्वं मूलाधारस्थितोऽसि नित्यं ।।

त्वं ब्रह्माः स्त्वं विष्णुस्त्वं रुद्रस्त्वं इंद्रस्त्वं अग्निस्त्वं

वायुस्त्वं सूर्यस्त्वं चंद्रमास्त्वं

ब्रह्मभूर्भुवः स्वरोम् ।।६।।

गणादिं पूर्वमुच्चार्यं वर्णादिं तदनन्तरम् ।।

अनुस्वारः परतरः ।। अर्धेन्दुलसितम् ।।

तारेण ऋद्धम् ।।

एतत्तव मनुस्वरूपम् ।। गकारः पूर्वरूपम् ।।

अकारो मध्यमरूपम् ।। अनुस्वारश्चान्त्यरूपम् ।।

बिन्दुरुत्तरुपम् ।। नादः सन्धानम् ।

संहिता सन्धिः ।। सैषा गणेशविद्या ।।

गणकऋषिः ।। निचृद्गायत्रीच्छन्दः ।।

गणपतिर्देवता ।।
ॐ गं गणपतये नमः ।।७।।
एकदन्ताय विद्महे । वक्रतुण्डाय धीमहि ।।
तन्नो दंती प्रचोदयात् ।।८।।
एकदन्तं चतुर्हस्तं पाशमंकुशधारिणम् ।।
रदंच वरदं हस्तैर् बिभ्राणं मूषकध्वजम् ।।
रक्तं लम्बोदरं शूर्पकर्णकं रक्तवाससम् ।
रक्तगन्धानुलिप्तांगं रक्तपुष्पैः सुपुजितम् ।।
भक्तानुकम्पिनं देवं जगत्कारणमच्युतम् ।
अविर्भूतं च सृष्ट्यादौ प्रकृतेः पुरुषात्परम् ।।
एवं ध्यायति यो नित्यं स योगी योगिनां वरः ।।९।।
नमो व्रातपतये । नमो गणपतये ।
नमः प्रमथपतये ।।
नमस्तेऽस्तु लंबोदरायैकदन्ताय ।
विघ्ननाशिने शिवसुताय । श्रीवरदंमूर्तये नमो ।
नमः ।।१०।।
एतदथर्वशीर्षं योऽधीते ।। स ब्रह्मभूयाय कल्पते ।
स सर्वविघ्नैर्न बाध्यते ।। स सर्वतः सुखमेधते ।।
स पञ्चमहापापात् प्रमुच्यते ।।
सायमधीयानो दिवसकृतं पापं नाशयति ।।
प्रातरधीयानो रात्रिकृतं पापं नाशयति ।।
सायं प्रातः प्रयुञ्जानो अपापो भवति ।।

सर्वत्राधीयानोऽपविघ्नो भवति ।।

धर्मार्थकाममोक्षं च विंदति ।।

इदमथर्वशीर्षमशिष्याय न देयम् ।

यो यदि मोहाद्दास्यति ।।

स पापीयान् भवति ।। सहस्त्रावर्तनात् ।

यं यं काममधीते ।।

तं तमनेन साधयेत् ।।११।।

अनेन गणपतिमभिषिंचति । स वाग्मी भवति ।।

चतर्थ्यामनश्नन् जपति ।। स विद्यावान् भवति ।।

इत्यथर्वणवाक्यम् ।। ब्रह्माद्यावरणं विद्यात् ।।

न बिभेति कदाचनेति ।।१२।।

यो दूर्वांकुरैर्यजति ।। स वैश्रवणोपमो भवति ।।

यो लाजैर्यजति । स यशोवान् भवति ।।

स मेधावान् भवति ।।

यो मोदकसहस्त्रेण यजति ।। स वाञ्छितफलमवाप्नोति

।। यः साज्यसमिद्भिर्यजति ।। स सर्वं लभते ।।

स सर्वं लभते ।।१३।।

अष्टौ ब्राह्मणान् सम्यग् ग्राहयित्वा ।। सूर्यवर्चस्वी भवति

।। सूर्यग्रहे महानद्यां प्रतिमासंनिधौ वा जप्त्वा ।।

सिद्धमंत्रो भवति ।। महाविघ्नात् प्रमुच्यते ।।

महादोषात् प्रमुच्यते ।। महापापात् प्रमुच्यते ।।

स सर्वविद् भवति ।। स सर्वविद् भवति ।। य एवं वेद ।।

इत्युपनिषद् ।।१४।।

ॐ सह नाववतु । सह नौ भुनक्तु ।।
सह वीर्यं करवावहै ।।
तेजस्विनावधीतमस्तु ।। मा विद्विषावहै ।।
ॐ भद्रं कर्णेभिः शृणुयाम देवाः ।।
भद्रं पश्येमाक्षभिर्यजत्राः ।।
स्थिरैरंगैस्तुष्टुवांसस्तभूनुभिः ।।
व्यशेम देवहितं यदायुः ।।१।।
ॐ स्वस्ति न इन्द्रो वृद्धश्रवाः ।
स्वस्ति नः पूषा विश्ववेदाः ।। स्वस्ति नस्ताक्ष्र्यो
अरिष्टनेमिः । स्वस्ति नो बृहस्पतिर्दधातु ।।२।।

ॐ शान्तिः । शान्तिः । शान्तिः ।।

वस्त्रः देवाला अभिषेकानंतर वस्त्रे अर्पण करणे.

सर्वभूषधिके सौम्यं लोकलज्जानिवारणे ।।
मयोपपादिते तुभ्यं वाससी प्रतिगृह्यताम् ।।
श्री सिद्धिविनायकाय नमः ।
वस्त्रोपवस्त्रे समर्पयामि ।।

अर्थ – सर्व भूषणांत श्रेष्ठ, सौम्य, अशी मी आणलेली वस्त्रे तुला अर्पण करीत आहे. कृपया त्यांचा तू स्वीकार करावा.

उपवस्त्र : (यज्ञोपवीत सर्मपण) देवाला जानवे वाहावे.

देवदेव नमस्तेऽस्तु त्राहि मां भवसागरात् ।
ब्रह्मसुत्रं सोत्तरीयं गृहाण पुरुषोत्तम ।।

अर्थ – हे देवाधिदेवा परमेश्वरा! तुला नमस्कार असो. भगसागरापासून माझे रक्षण कर. उत्तरीय (अंग) वस्त्रासह ब्रह्मसूत्राचा (जानव्याचा) स्वीकार कर. (यज्ञोपवीत अर्पण करत आहे. असे म्हणून देवाला जानवे घालावे)

चंदन : (गंधसमर्पण) देवाला गंध लावणे.

श्रीखण्डं चंदनं दिव्यं गंधाढ्यं सुमनोहरम् ।
विलेपनं सुरश्रेष्ठ चंदनं प्रतिगृह्यताम् ।।

अर्थ – हे देवाधिदेवा । अत्यंत मनोहर सुगंधाने परिपूर्ण असे हे चंदन मी तुला लावीत आहे. त्याचा तू स्वीकार कर (**'विलेपनार्थे चंदनं समर्पयामि'** असे म्हणून करांगुळीजवळच्या बोटाने गणपतीला गंध लावावे. त्यानंतर कुंकुमयुक्त अक्षताही वाहाव्यात.)

पुष्प – समर्पण : फुले वाहाणे

माल्यादीन सुगंधीनि मालत्यादीनि वै प्रभो ।
मया हृतानि पूजार्थं पुष्पाणि प्रतिगृह्यताम् ।।

अर्थ – हे प्रभो, मालती, जाई-जुई इत्यादी सुगंधी फुले आपल्या पूजेकरिता आणली आहेत. त्याचा स्वीकार करा.

गणपतीला लाल रंगाची फुले अर्पण करावीत. लाल कमळ वाहावे. यानंतर गणपतीला पत्री वाहावी. क्रमाने मधुमालती, माका, बेल, पांढऱ्या दूर्वा, बोरी, धोतरा, शमी, आघाडा, कण्हेर, रुई, अर्जुनपत्र, विष्णुकांता, डाळिंब, देवदार,

मारवा, पिंपळ, जाई, केवडा, अगस्ती यांची पाने अर्पण करावीत.

सुमुखाय नमः । मालतीपत्रं समर्पयामि ।
गणाधिपाय नमः । भृंगराजपत्रं समर्पयामि ।
उमापुत्राय नमः । बिल्वपत्रं समर्पयामि ।
गजाननाय नमः । श्वेतदूर्वं समर्पयामि ।
लंबोदराय नमः । बदरीपत्रं समर्पयामि ।
हरसूनये नमः । धत्तूरपत्रं समर्पयामि ।
गजकर्णाय नमः । तुलसीपत्रं समर्पयामि ।
वक्रतुण्डाय नमः । शमीपत्रं समर्पयामि ।
गृहाग्रजाय नमः । अपामार्गपत्रं समर्पयामि ।
एकदंताय नमः । बृहतीपत्रं समर्पयामि ।
विकटाय नमः । करवी पत्रं समर्पयामि ।
कपिलाय नमः । अर्कपत्रं समर्पयामि ।
गजदंताय नमः । अर्जुनपत्रं समर्पयामि ।
विघ्नराजाय नमः । विष्णुक्रान्तपत्रं समर्पयामि
। बटवे नमः । दाडिमपत्रं समर्पयामि ।
सुराग्रजाय नमः । देवदारुपत्रं समर्पयामि ।
भालचंद्राय नमः । मरुपत्रं समर्पयामि ।
हेरंबाय नमः । अश्वत्थपत्रं समर्पयामि ।
चतुर्भुजाय नमः । जातिपत्रं समर्पयामि ।

विनायकाय नमः । केतकीपत्रं समर्पयामि ।
सर्वेश्वराय नमः । अगस्तिपत्रं समर्पयामि ।
दुर्वे अमृत संपन्ने शतमूले शतांकरे ।
शतंच हर मे पापं शतमायुष्य वर्धिनी ।
श्रीसिद्धिविनायकाय नमः । दुर्वांकुरान् समर्पयामि ।
(गणपतीला दूर्वा वाहाव्यात)

अंगपूजा

(अंगपूजा म्हणजे देवाच्या प्रत्येक अवयवाची पूजा पुढील नाममंत्राने त्या त्या अवयवावर कुंकुमाक्षता व दूर्वा वाहाव्या.)

ॐ श्रीगणेश्वराय नमः ।
पादौ पूजयामि । (पाय)
ॐ विघ्नराजाय नमः ।
जानुनी पूजयामि । (ढोपरे)
ॐ आखुवाहनाय नमः ।
ऊरूपूजयामि । (मांड्या)
ॐ हेरंबाय नमः ।
कटीं पूजयामि । (कंबर)
ॐ कामारिसूनवे नमः ।
नाभिं पूजयामि । (नाभी)
ॐ लंबोदराय नमः ।
उदरं पूजयामि । (पोट)

ॐ गौरीसुताय नमः ।

स्तनौ पूजयामि । (स्तन)

ॐ गणनायकाय नमः ।

हृदयं पूजयामि । (हृदयस्थान)

ॐ स्थूलकर्णाय नमः ।

कंठं पूजयामि । (कंठ)

ॐ स्कंदाग्रजाय नमः ।

स्कंधौ पूजयामि । (खांदे)

ॐ पाशहस्ताय नमः ।

हस्तान् पूजयामि । (चारी हात)

ॐ गजवक्त्राय नमः ।

वक्त्रं पूजयामि । (मुख)

ॐ विघ्नहर्ते नमः ।

ललाट पूजयामि । (कपाळ)

ॐ सर्वेश्वराय नमः ।

शिरः पूजयामि । (डोके)

ॐ गणाधिपाय नमः ।

सर्वांग पूजयामि । (सर्वांगावर)

गणेश नामावली

१. विघ्नेशाय नमः । २. विश्ववरदाय नमः ।

३. विश्वचक्षुषे नमः । ४. जगत्प्रभवे नमः ।

५. हिरण्यरूपाय नमः । ६. सर्वात्मने नमः ।

७. ज्ञानरूपाय नमः । ८. जगन्मयाय नमः ।

९. ऊर्ध्वरितसे नमः । १०. महाबाहवे नमः ।

११. अमेयाय नमः । १२. अमितविक्रमाय नमः ।

१३. वेदवेद्याय नमः । १४. महाकालाय नमः ।

१५. विद्यानिधये नमः । १६. अनामयाय नमः ।

१७. सर्वज्ञाय नमः । १८. सर्वगाय नमः ।

१९. शांताय नमः । २०. गजास्याय नमः ।

२१. चित्तेश्वराय नमः । २२. विगतज्वराय नमः ।

२३. विश्वमूर्तये नमः । २४. अमेयात्मने नमः ।

२५. विश्वाराधाय नमः । २६. सनातनाय नमः ।

२७. सामगाय नमः । २८. प्रियाय नमः ।

२९. मंत्रिणे नमः । ३०. सत्त्वाधाराय नमः ।

३१. सुराधीशाय नमः । ३२. समस्तसाक्षिणे नमः ।
३३. निर्द्वंद्वाय नमः । ३४. निर्लोकाय नमः ।
३५. अमोघविक्रमाय नमः । ३६. निर्मलाय नमः ।
३७. पुण्याय नमः । ३८. कामदाय नमः ।
३९. कांतिदाय नमः । ४०. कामरूपिणे नमः ।
४१. कामपोषणे नमः । ४२. कमलाक्षाय नमः ।
४३. गजाननाय नमः । ४४. सुमुखाय नमः ।
४५. शर्मदाय नमः ।
४६. मूषकाधिपवाहनाय नमः ।
४७. शुद्धाय नमः । ४८. दीर्घतुंडाय नमः ।
४९. श्रीपतये नमः । ५०. अनंताय नमः ।
५१. मोहवर्जिताय नमः । ५२. वक्रतुंडाय नमः ।
५३. शूर्पकर्णाय नमः । ५४. परमाय नमः ।
५५. योगीशाय नमः । ५६. योगधाम्ने नमः ।
५७. उमासुताय नमः । ५८. आपदहन्त्रे नमः ।
५९. एकदंताय नमः । ६०. महाग्रीवाय नमः ।
६१. शरण्याय नमः । ६२. सिद्धसेनाय नमः ।
६३. सिद्धवेदाय नमः । ६४. करुणाय नमः ।
६५. सिद्धाय नमः । ६६. भगवते नमः ।
६७. अव्यग्राय नमः । ६८. विकटाय नमः ।
६९. कपिलाय नमः । ७०. ढुंढिराजाय नमः ।
७१. उग्राय नमः । ७२. भीमोदराय नमः ।
७३. शुभाय नमः । ७४. गणाध्यक्षाय नमः ।

७५. गणेशाय नमः । ७३. गणराध्याय नमः ।

७७. गणनायकाय नमः ।

७८. ज्योतिः स्वरूपाय नमः ।

७९. भूतात्मने नमः । ८०. धुम्रकेतवे नमः ।

८१. अनुकूलाय नमः । ८२. कुमारगुरवे नमः ।

८३. आनंदाय नमः । ८४. हेरंबाय नमः ।

८५. वेदस्तुताय नमः ।

८६. नागयज्ञोपवीतिने नमः ।

८७. दुर्धर्षाय नमः ।

८८. बाल दुर्वांकुरप्रियाय नमः ।

८९. भालचंद्राय नमः । ९०. विश्वधात्रे नमः ।

९१. शिवपुत्राय नमः । ९२. विनायकाय नमः ।

९३. लीलासेविताय नमः । ९४. पूर्णाय नमः ।

९५. परमसुंदराय नमः ।

९६. विघ्नांधकाराय नमः ।

९७. सिंदूरवदनाय नमः । ९८. नित्याय नमः ।

९९. विभवे नमः । १००. प्रथमपूजिताय नमः ।

१०१. दिव्यपादाब्जाय नमः ।

१०२. भक्तमंदराय नमः ।

१०३. शूरमहाय नमः ।

१०४. रत्नसिंहासनाय नमः ।

१०५. मणिकुंडलमंडिताय नमः ।

१०६. भक्तकल्याणाय नमः ।

१०७. अमेयाय नमः । १०८. कल्याणगुरवे नमः ।

१०९. सहस्रशीर्ष्णे नमः ।

११०. महागणतये नमः ।

दुर्वांकुरान्समर्पयामि ।

धूपः वातावरण सुगंधित व्हावे व अनिष्ट शक्तींनी तेथून निघून जावे, म्हणून देवासमोर धूप जाळण्याची पद्धत आहे. उदबत्तीनेही हा उपचार पूर्ण करता येतो.

वनस्पतिरसोद्भूतोगंधाढ्यो गंध उत्तमः ।
आघ्रेयः सर्वदेवांना धूपोऽयं प्रतिगृह्यताम् ।।
श्रीसिद्धिविनायकाय नमः । धूपं दर्शयामि ।
(उदबत्ती ओवाळावी.)

अर्थ – वनस्पतीच्या रसांपासून उत्पन्न झालेला, सुगंधित पदार्थात उत्तम आणि म्हणूनच सर्व देवांना वास घेण्याला योग्य असा हा धूप मी तुला अर्पण करतो. त्याचा तू स्वीकार कर.

दीप-समर्पणः दीप समर्पण म्हणजे निरांजन ओवाळणे.

आज्यं च वर्तिसंयुक्तं वह्निना योजितं मया ।।
दीपं गृहाण देवेश त्रैलोक्यतिमिरापह ।।
श्रीसिद्धिविनायकाय नमः । दीपंदर्शयामि ।

अर्थ – त्रैलोक्याचा अंधकार दूर करणाऱ्या हे देवाधिदेवा! तूप आणि उत्तम फुलवात घालून प्रज्वलित केलेल्या या दिव्याचा तू स्वीकार कर. या वेळी निरांजन प्रज्वलित करून देवाला ओवाळावे. घंटा वाजवावी.

नैवेद्यः देवासाठी नैवेद्य समर्पण करणे.

नैवेद्य गृह्यतां देव भक्ति मे ह्यचला कुरु ।।
ईप्सितं मे वरं देहि परत्रं च परां गतिम् ।।
श्रीसिद्धिविनायकाय नमः । नैवेद्यं समर्पयामि ।।

अर्थ – हे देवा! हा नैवेद्य घे. तुझ्या चरणी माझी भक्ती अचल राहू दे. इहलोकी माझ्या मनोकामना पूर्ण कर आणि परलोकी उत्तम गती मिळेल असे कर. (देवाला नैवेद्य भरविताना '**ॐ उदानाय स्वाहा, ॐ अपानाय स्वाहा व ॐ ब्रह्मणे स्वाहा**' असे म्हणावे.

नैवेद्य

(देवाला गूळ, खोबरे, लाडू, मोदक, पेढे वगैर पदार्थांचा नैवेद्य एका पात्रात ठेवून त्यावर तुळसीपत्र व दूर्वा ठेवून, पात्राखाली पाण्याने चौकानी मंडल करून पुढील मंत्रानी नैवेद्य अर्पण करावा. स्वाहाकार दोनदा म्हणावा. मध्ये पानीय आचमन एक पळी पाणी व नंतर उत्तरापोशन, मुखप्रक्षालन, हस्तप्रक्षालन, असे तीन पाळ्या पाणी अर्पण करावे.)

नैवेद्य गृहयतां देव भक्तिं मे हयचलां कुरु ।
ईस्पितं मे वरं देहि परत्र च परां गतिम् ।।
शर्कराखंडखाद्यानि दधिक्षीरघृतानि च ।
आहारं भक्ष्यभोज्यं च नैवेद्य प्रतिगृह्यताम् ।।
श्री सिद्धिविनायकाय नमः । नैवेद्यं समर्पयामि ।।

(जो पदार्थ असेल त्याचे नाव घ्यावे, जस गुडखाद्यनैवेद्यं, मोदक- नैवेद्य इ.)

ॐ प्राणाय स्वाहा । ॐ अपानाय स्वाहा ।
ॐ व्यानाय स्वाहा । ॐ उदानाय स्वाहा ।
ॐ समानाय स्वाहा । ॐ ब्रह्मणे स्वाहा ।
नैवेद्यंमध्ये पानीयं समर्पयामि ।।

(एक पळी पाणी ताम्हनात सोडावे.)

ॐ प्राणाय स्वाहा । ॐ अपानाय स्वाहा ।
ॐ व्यानाय स्वाहा । ॐ उदानाय स्वाहा ।
ॐ समानाय स्वाहा । ॐ ब्रह्मणे स्वाहा ।
उत्तरापोशनं समर्पयामि ।।
मुखप्रक्षालन समर्पयामि ।
हस्तप्रक्षालनं समर्पयामि ।।

(तीन पळ्या पाणी ताम्हनात सोडावे.)

मलयाचलसंभूतं कर्पूरेण समन्वितम् ।
करोद्वर्तनकं चारु गृह्यतां जगतः पते ।।
श्री सिद्धिविनायकाय नमः ।
करोद्वर्तनार्थे चन्दनं समर्पयामि ।।

(फुलाला गंधाक्षता लावून ते देवाला अर्पण करावे.)

तांबूल

पूगीफलं महद्दिव्यं नागवल्ल्या दलैर्युतम् ।
कर्पूरैलासमायुक्तं तांबूल प्रतिगृह्यताम् ।।
श्री सिद्धिविनायकाय नमः ।
पूगीफल - तांबूल समर्पयामि ।।

(विडा व सुपारी देवापुढे ठेवून उजव्या हातावरून एक पळी पाणी त्यावर सोडावे.)

फळे

फलेन फलितं सर्वं त्रैलोक्यं सचराचरम् ।
तस्मात् फलप्रदानेन सफलाश्च मनोरथाः ।।
श्री सिद्धिविनायकाय नमः ।
नारिकेलादिफलानि समर्पयामि ।।

अर्घ्यप्रदान

पूजाफलप्राप्त्यर्थं अर्घ्यप्रदानं करिष्ये ।

(असे म्हणून उजव्या हातावर काही नाणी व सुपारी घेऊन दोन दूर्वा, गंध, अक्षता व फुले घेऊन त्यांवर पळीने पाणी घालून सर्व अर्घ्य खाली सोडावे. असे तीन वेळा करावे.)

नमस्ते देवदेवेश नमस्ते विघ्ननाशक।
नमो भक्तानुकं देव गृहाणार्घ्यं नमोस्तुते ।।
श्री सिद्धिविनायकाय नमः । इदमर्घ्यं दत्तं न मम ।।
गणेशाय नमस्तुभ्यं सर्वकामफलप्रद ।
वाञ्छितं देहि मे नित्यं गृहाणार्घ्यं नमोस्तु ते ।।
श्री सिद्धिविनायकाय नमः । इदमर्घ्यं दत्तं न मम ।।
व्रतमुद्दिश्य देवेश गन्धपुष्पाक्षतैर्युतम् ।
अर्घ्यं गृहाण देवेश मम सौख्यं विवर्धय ।।
श्री सिद्धिविनायकाय नमः । इदमर्घ्यं दत्तं न मम ।।

प्रार्थना

यन्मयाचरितं देव व्रतमेतत्सुदुर्लभम् ।
गणेश त्वं प्रसन्नः सन सफल करु सर्वदा ।।
विनायकगणेशाय सर्वदेवनमस्कृत ।
पार्वतीप्रिय विघ्नेश मम विघ्नानि वारय ।।
आवाहनं न जानामि न जानामि तवार्चनम् ।
पूजां चैव न जानामि क्षम्यतां परमेश्वर ।।
मंत्रहीनं क्रियाहीनं भक्तिहीनं सुरेश्वर ।
यत्पूजितं मया देव परिपूर्णं तदस्तु मे ।।
अन्यथा शरणं नास्ति त्वमेव शरणं मम ।
तस्मात्कारुण्यभावेन रक्षस्व परमेश्वर ।।
अपराधसहस्राणि क्रियन्तेऽहर्निशं मया ।
दासोऽयमिति मां मत्वा क्षमस्व परमेश्वर ।।
गतं पापं गतं दुखं गतं दारिद्र्यमेवच ।
आगता सुखसंपत्तिः पुण्यच्च तव दर्शनात् ।।
रुपं देही जयं देही यशो देही द्विषो जहि ।

पुत्रान देही धनं देही सर्वान्कामाश्च देही मे ।।
यस्य स्मृत्या च नामोक्त्या तपः पूजाक्रियादिषु ।
न्युनं संपूर्णतां याति सद्यो वंदे नमच्युतम् ।।

(साष्टांग नमस्कार घालावा.)

तीर्थग्रहण

(अभिषेकाचे व पंचामृतस्नानाचे तीर्थ एक पळीभर प्राशन करावे)

अकालमृत्युहरणं सर्वव्याधिविनाशनम् ।
देवपादोदकं तीर्थं जठरे धारयाम्यहम् ।।

(नंतर उजव्या हातावरून पळीभर पाणी ताम्हनात सोडावे व देवाची प्रार्थना करावी)

यथाशक्ती दक्षिणा देवासमोर (एका) विड्यावर ठेवून तिच्यावर पाणी सोडावे. देवाला नीरांजन ओवाळावे कापूर प्रदीप्त करून देवाला ओवाळावे.

श्री सिद्धिविनायकाय नमः मंत्रपुष्पं समर्पयामि ।

(गंध अक्षता, फुले घेऊन ती श्रीचरणी वाहावी.)

अनेन मया यथाज्ञानेन यथामिलितोपचारद्रव्यै
कृतपूजनेन
भगवान् श्री सिद्धिविनायकदेवता प्रीयताम् ।।
नमो नमो विघ्नविनाशाय नमो
नमस्त्राहि कृपाकराय ।
नमोस्तुतेऽभीष्टवरप्रदाय तस्मै गणेशाय
नमो नमस्ते ।।
मंगलमूर्ति मोरया ।।
ॐ तत्सत् ब्रह्मार्पणमस्तु ।।

(असे म्हणून पूजा समाप्तीचे पाणी सोडावे. नमस्कार करावा. नंतर आरत्या म्हणाव्या.)

विसर्जन : मंत्र

''यांतु देवगणाः सर्वे पूजामादाय मायकीम् ।
इष्टकामप्रसिद्ध्यर्थं पुनरागमनाय च ।।१।।
सर्व देवतायै नमः ।।

अर्थः सर्व देवगणांनी या पूजेचा स्वीकार करून स्वस्थानी परत जावे. नंतर आम्हाला इष्ट असलेल्या कार्याच्या सिद्धीसाठी पुनरागमन करावे. सर्व देवांना नमस्कार.

उत्तरपूजाः (उत्तरपूजेचा काल-ऋषिपंचमीच्या दिवशी अथवा गौरीविसर्जनाच्या दिवशी किंवा अनंतचतुर्दशीच्या दिवशी गणेशविसर्जन करावे.)

आचम्य श्रीसिद्धिविनायकमहागणपतिप्रीत्यर्थं
गंधादिपचोपचारैः उत्तरपूजनं करिष्ये ।
महागणपतये नमः ।
विलेपनार्थे चंदन समर्पयामि ।
अक्षता हरिद्रां कुंकुम च समर्पयामि ।
महागणपतये नमः ।
सिंदूर, दूर्वांकुरान् कालोद्भवपुष्पाणि
च समर्पयामि ।

वरीलप्रमाणे मंत्र म्हणून गणपतीला गंध, फुल, अक्षता, हळद-कुंकू, दूर्वा, शेंदूर हे उपचार वाहावेत.

श्रीमहागणपतये नमः । धूपं समर्पयामि ।
महागणपतये नमः । दीपं समर्पयामि ।
महागणपतये नमः । नैवेद्यं समर्पयामि ।

वरील मंत्र म्हणून गणपतीला धूप, दीप ओवाळावा व नंतर नैवेद्य दाखवावा; कापूर लावून आरती करावी व पूजेच्या शेवटी दिलेले मंत्रपुष्पाचे व प्रार्थनेचे मंत्र म्हणावेत.

आरती, मंत्रपुष्प व प्रार्थना करून झाल्यानंतर गणपतीला दही-पोह्याची व तळलेले मोदक यांची शिदोरी द्यावी.
(वरील गोष्टी गणपतीबरोबर विसर्जनास द्याव्यात.)

अनेन कृतउत्तराराधनेन तेन
श्रीभगवान् सिद्धिविनायकः
सांगः सपरिवारः प्रियताम् । ॐ तत्सत् ।

एवढ्या वरील सर्व गोष्टी करून झाल्यानंतर घरातील सर्व मंडळीनी देवास नमस्कार करावा व नंतर खाली दिलेला मंत्र म्हणून गणपतीवर अक्षता टाकाव्या व गणपती उत्तर दिशेकडे हलवावा.

यान्तु देवगणाः सर्वे पूजामादाय पार्थिवीम् ।
इष्टकामप्रसिद्ध्यर्थं पुनरागमनाय च ।।
ॐ तत्सद् ब्रह्मार्पणमस्तु ।।

अर्थ : पार्थिव पूजेचे ग्रहण करून, सर्व इच्छांच्या सिद्धीसाठी पुनरागमन करण्यासाठी समस्त देवगणांनी प्रयाण करावे.

।। श्रीगणेश आरती ।।

सुखकर्ता दुखहर्ता वार्ता विघ्नाची ।
नुरवी पूर्वी प्रेम कृपा जयाची ।
सर्वांगी सुंदर उटी शेंदराची ।
कंठी झळके माळ मुक्ताफळाची ।।१।।
जय देव जय देव जय मंगलमूर्ती ।
दर्शनमात्रे मनकामना पुरती ।

रत्नखचित फरा तूज गौरीकुमरा ।
चंदनाची उटी कुंकुमकेशरा ।
हिरे जडित मुकुट शोभतो बरा ।
रुणझुणती नुपुरे चरणी घागरिया ।।२।।
जय देव जय देव जय मंगलमूर्ती ।
दर्शनमात्रे मनकामना पुरती ।

लंबोदर पितांबर फनी वरवंदना ।
सरळ सोंड वक्रतुंड त्रिनयना ।
दास रामाचा वाट पाहे सदना ।
संकटी पावावे निर्वाणी रक्षावे सुरवंदना ।
जय देव जय देव जय मंगलमूर्ती ।
दर्शनमात्रे मनकामना पुरती ।।३।।
जय देव जय देव ।

।। घालीन लोटांगण ।।

घालीन लोटांगण वंदीन चरण ।
डोळयांनी पाहिन रूप तुझे ।
प्रेमें आलिंगीन आनंद पूजन ।
भावे ओवाळिन म्हणे नामा ।।

त्वमेव माता पिता त्वमेव ।
त्वमेव बन्धुः सखा त्वमेव ।
त्वमेव विद्या द्रविणं त्वमेव ।
त्वमेव सर्वं मम देवदेव ।।

कायेन वाचा मनसेंद्रियैर्वा ।
बुध्यात्मना वा प्रकृति स्वभावात् ।
करमि यद्यत् सकलं परस्मै ।
नारायणायेती समर्पयामि ।।

अच्युतं केशवं राम नारायण्
कृष्णदामोदरं वासुदेवं भजे ।
श्रीधरं माधवं गोपिकावल्लभम्
जानकीनायकं रामचंद्र भजे ।।

हरे राम हरे राम राम राम हरे हरे
हरे कृष्ण हरे कृष्ण कृष्ण कृष्ण हरे हरे ।।

"आरती गजाननाची"

आरती करू तुज गजवदना ।
मयुरेश्वर दंती वदना रे ।।

अग्रपूजेचा तू अधिकारी ।
गौरीहराचे तनया रे ।
पार्वतीचे स्तनपान कराया ।
उदरी विष्णू आला रे ।।

किरीट कुंडले हार विराजित ।
छत्रचामरे झळकती रे ।
सुंदर डमरू सोंडची बरवी ।
दुर्वांकुर बहू प्रीती रे ।।

भावलोचना भवभय हरणा ।
सुहास्य मूषक वाहना रे ।
ब्रह्माविष्णू ध्याती निरंतर
आवड करून तव चरणा रे ।।

शंभूनंदना शिवसूत सदना ।
ऋद्धी सिद्धी पती रमणा रे ।
वरदहस्त तू ठेवी दयाळा ।
महाराजा गणराया रे ।।

॥ वक्रतुंड महाकाय सुर्यकोटी समप्रभ
निर्विघ्नं कुरुमे देवः सर्वकार्येषु सर्वदा ॥

॥ वक्रतुंड महाकाय सुर्यकोटी समप्रभ
निर्विघ्नं कुरुमे देवः सर्वकार्येषु सर्वदा ॥

PUJA MATERIALS

Turmeric, kumkum, sindoor, kumkum-laced rice (akshataa), bukka (a fragrant black powder), rangoli, attar (perfume), chausar (Kapus Vastra), yajnopavit (sacred thread), camphor, incense sticks, ashtagandha (eight-fragrance powder), two coconuts, jaggery, dried coconut shell, betel leaves (20), betel nuts (10), loose coins, bell, conch, samai (oil lamp), niranjan (small lamp), kalash (pot), spoon and vessel, taamhan (plate for puja), taambya (copper pot), tirtha (holy water), panchaamrit (milk, curd, ghee, honey, sugar), patri (leaves), flowers, durva grass, tulsi, bilva, shami, five types of fruits.

BEGINNING OF SHODASHA PUJA

Wear clean washed clothes or traditional silken attire (sovale). Apply sandalwood paste to your forehead (with the middle finger).

Place akshata and water on a betel leaf. Then place that coconut and betel leaf in the deity's altar (devghar).

After saluting the Vishwatmak Parmeshwar (the all-pervading God) in all directions, the deities in the altar, and the elders of the household, sit on a wooden stool (paat) in front of the Ganesh idol and begin the puja. Spread rice at the place where the idol is to be kept to create an 'aasan' (seat) and draw a swastika with kumkum on it. Install the idol so that its face is towards the East or West. Draw rangoli in front of the idol.

Light the samai. Light the incense stick. Place the conch on the right side of the chaurang (square stool), and the bell on the left. Fill a copper pot (taambyaa) with pure water and place it on the right side. Pour the water from the copper pot into a glass. Take water in your right palm with a spoon and drink it after uttering the three names of God below.

Om Keshavaaya Namah.
Om Naaraayanaaya Namah.
Om Madhavaaya Namah.

Then, utter the name **Om Govindaaya Namah.** And release a spoonful of water into the taamhan (plate).

Repeat this chanting twice. Chant the following names with folded hands:

Om Vishnave Namah.
Om Madhusudanaaya Namah.
Om Trivikramaaya Namah.

Om Vamanaaya Namah.
Om Shridharaaya Namah.
Om Damodaraaya Namah.

Om Sankarshanaaya Namah.
Om Vaasudevaaya Namah.
Om Pradyumnaaya Namah.

Om Aniruddhaaya Namah.
Om Purushottamaaya Namah.
Om Adhokshajaaya Namah.

Om Narasimhaaya Namah.
Om Achyutaaya Namah.
Om Janaardanaaya Namah.

Om Upendraaya Namah.
Om Haraye Namah
Om Shri Krishnaaya Namah.

Close the right nostril with the thumb. Inhale through the left nostril. Hold the breath. And chant the Gayatri Mantra.

Om Bhuh, Om Bhuvah
Om Svah, Om Mahah.
Om Janah, Om Tapah,
Om Satyam.
Om Bhurbhuvah Svah.
Om Tatsaviturvarenyam Bhargo Devasya Dhimahi.
Dhiyo Yo Nah Prachodayaat.

Om Aapo Jyoti Raso Amritam Brahma Bhurbhuvah Svarom.

Now, close the left nostril with the ring finger and exhale through the right nostril.

Take akshataa, join hands, bow to the deity and meditate.

DEVATAA VANDAN

(Salutation to Deities)

With folded hands, slowly chant the following mantras with a calm mind.

Om Shrimanmahaganaadhipataye Namah.
Shri Saraswatyai Namah.
Shri Gurubhyo Namah. Vedaaya Namah.
Vedapurushaaya Namah.
Ishtadevataabhyo Namah.
Kuladevataabhyo Namah.
Gramadevataabhyo Namah.
Sthanadevataabhyo Namah.
Vaastudevataabhyo Namah.
Shachipurandaraabhyaam Namah.
Umaamaheshwaraabhyaam Namah.
Maataapitrubhyaam Namah.
Adityadinavagrahadevataabhyo Namah.
Sarvebhyo Devebhyo Namah.
Sarvebhyo Brahmanebhyo Namah.
Etatkarma Pradhanadevataabhyo Namah.

Avighnamastu.
Prarambhakaarya Nirvighnamastu.
Sumukhashchaikadantashcha Kapilo Gajakarnakah.
Lambodarashcha Vikato Vignanaasho Ganaadhipah.
Dhumraketurganaadhyaksho Bhalachandro Gajaananaa.
Dwaadashaitani Namani Yah Pathechchrunuyaadapi.
Vidyaarambhe Vivaahe Cha Pravesha Nirgame Tatha.
Sangraame Sankate Chaiva Vighnastasya Na Jaayate.
Shuklaambaradharam Devam Shashivarnam Chaturbhujam.
Prasannavadanam Dhyaayet Sarvavighnopashaantaye.
Sarvamangalamaangalye Shive Sarvaarthasaadhike.
Sharanye Tryambake Gauri Naaraayani Namostute.

Sarvadaa Sarvakaryeshu Naasti Teshaa Mamangalam.
Yesham Hrudistho Bhagavaan Mangalaayatana Harih.
Tadeva Lagnam Sudinam Tadeva Taaraabalam Chandrabalam Tadeva.
Vidyaabalam Daivabalam Tadeva Lakshmipate Tenghriyugam Smaraami.
Laabhastesham Jayastesham Kutastesham Paraajayah.
Yeshaam Indivarashyaamo Hrudayastho Janardana.
Vinaayakam Gurum Bhanum Brahmavishnumaheshvaraan.
Saraswati Pranamyaadau Sarvakaaryaarthasiddhaye.
Abhipsitaarthasiddhyartham Pujito Yah Suraasuraih.
Sarvavighnaharastasmai Ganaadhipataye Namah.
Vakratunda Mahaakaaya Suryakotisamaprabha. Nirvighnam Kuru Me Deva Sarvakaryeshu Sarvadaa
Gananaatha Saraswatiravishukrabruhaspatin Panchaitaani Smarennityam Vedavaani Pravruttaye.
Gururbrahmaa Gururvishnurgururdevo

Maheshwarah.
Guruh Saakshaatparabrahma
Tasmai Shri Gurave Namah.
Yatra Yogeshwarah Krishno Yatra Partho
Dhanurdharah.
Tatra Shrirvijayo Bhutirdhruvo
Nitirmatirmama.
Sarveshvaarabdha Kaaryeshu
Trayaastribhuvaneshvarah.
Devaa Dishantu Nah Siddhim
Brahmoshaanajanaardanaah.

SANKALPA
(Resolution)

Shrimadbhagavato Mahaapurushasya
Vishnorajnyaa Pravartamaanasya
Adya Brahmano Dvitiye Paraardhe
Vishnupade Shrishvetavaaraaha
Kalpe Vaivasvatamanvantare
Ashtaavimshatime Yugachatushke
Kaliyuge Kaliprathamacharane
Jambudvipe Bharatavarshe Bharatakhande
Dakshinaapathe Ishupaataraamakshetre
Bauddhaavataare Dandakaranye Deshe,
Godaavaryaah Dakshine Tire, Shaalivaahan
Shake-----Naam Samvatsare, -----Ayane
-----Rutau,-----Maase, -----Pakshe,
-----Tithau, ----- Vaasare, Adya Divasa -----
Nakshatre ----- Vishnuyoge Vishnukarane,
Shubhanaamayoge Shubhakarane,
Vartamaana Chandre, -----Sthite Shrisurye,
-----Sthite Devagurau, Shesheshu Graheshu

Yathayatham Rashisthaanasthiteshu
Satsu evamgunavisheshavishishtaayaam
Shubhapunyatithau / Mama Atmanah
Shruti-Smruti-Vijaya-Abhaya-Ayura
arogyaishvaryaabhivruddhyartham
Dvipada Chatushpada Sahitaanaam
Shantyarthya Pushtyartham, Tushtyartham
Samastamangalaavaaptyartham
Samastaduritapashaatyartham
Samastaabhyudayaartham Cha
Ishtakamasansiddhyartham
Kalpoktaphalavaaptyartham
Mama Iha Janmani Janmajanmaantare Cha
Sakutumbasya Kshema sthityaayuraarogyai
shvaryaadivruddhi Sarvakaama
nirvighnasiddhi Putra-Pautra dhanadhaanya
vidyaajayayashasamruddhidvaaraa
Adya Bhaadrapada Shukla Chaturthyan
Prativaarshikam Vihitam Shrisiddhi
vinaayakadevataaprityartham
Yathaashakti Yathaajnaanena
Yathaamilitopacharadravyaih Dhyaanaa-
vaahanaadishodashopacharaih
Pujaam Karishye. Tathaa Cha
Aasanaadi-Digbandhaadi-
Kalashapujanam Shankhaarchanam
Ghantaaradhanam Deepapujanam

Cha Karishye. Sharirashuddhyartham Shadanganayaasam Cha Karishye. Aadau Nirvighnatasiddhyartham Shri Mahaaganapatismaranam Cha Karishye.

(This Sankalp should be released into the taamhan with a spoonful of water, gandha, and akshataa in hand.)

SHRI MAHAAGANAPATI SMARAN

(Remembrance of Shri Mahaaganapati)

Ganaanaantva Shaunako Grutsamado
Ganapatirjagati
Ganapatismarane Viniyogah.
Om Gananantva Ganapatim Havaamahe
Kavim Kavinaamupamashravastamam.
Jyeshtharaajam Brahmanaam
Brahmanaspata Aa Nah Shrunvannutibhih
Sida Saadanam.

Riddhisiddhisahitam Saangam
Saparivaaram Saayudham Sashaktikam
Shri Mahaaganapatim Smaraami.
Shri Mahaaganaadhipataye Namah.
Nirvighnam Kuru.

Saying this, bow to Shri Ganapati.

Uttering the sacred resolution **'Shri Gajaanan Krupa Praaptyartha Gajaanan Puja Karishye'** (I perform Gajaanan Puja for the grace of Shri Gajaanan), release a spoonful of water into the taamhan. Remember Shri Ganesha with devotion and bow. Place your right hand on the copper pot (taambya) and pray to the kalash. Offer gandha, akshataa, and flowers to the kalash and bow. Offer gandha and flowers to the conch and bow.

AASANASHUDDHI, BHUTOTSAARANA, AND NYAASA

Aasanashuddhi: (Touch the ground with your right hand and say:)

Om Prithvi Tvayaa Dhrita Lokaa
Devi Tvam Vishnunaa Dhrita.
Tvam Cha Dhaaraya Maam Devi
Pavitram Kuru Chaasanam.

Bhutotsaarana: (Take akshataa in hand and throw them towards the south, saying:)

Om Apasarapantu Te Bhutaa
Ye Bhutaa Bhumisansthitah.
Ye Bhutaa Vighnakartaaraste
Nashyantu Shivaajnya.
Apakraamantu Bhutaani Pishaachaah
Sarvato Disham.

Sarveshaamavirodhena Pujakarma Samaarambhe.
Tikshnadanshtra Mahaakaaya Kalpaantadahanopama.
Bhairavaaya Namastubhyamanujnam Daatum Arhasi.

(Pujaakarma Samaarambhe. Vaamapaadatalaparshvenam Bhumim Tristaadayet.)
(Tap the ground three times with the heel of your left foot.)

Devaa Aayaantu. Yaatudhaanaa Apayaantu.
Vishno Devayajanam Rakshasva Iti Bhumau Praadesham Kuryat.
(Touch the ground with the thumb and forefinger of your right hand.)

Manushyagandhamnivaarane Viniyogah.
Yebhyo Maataa Ityasya Gayah Plaata Rishih, Vishvedevaa Devataa,
Jagati Chhandah. Evapitra Ityasya Vaamadevagautama Rishih,
Brihaspatirdevataa, Trishtup Chhandah.
(Saying this, bow to Shri Ganapati.)

SHADANGANYAASA

During the main Ganesh Chaturthi puja, performing Shadanganyaasa is essential. It is done for purification of the body. Sit cross-legged and perform the nyaasa with both hands.

Om Yatpurusham Vyadadhuh
Katidhaa Vyakalpayan
Mukham Kimasya Kau Baahu Kaa
Uru Paadaa Uchyete. ||1||
Angushthaabhyaam Namah.
Hridayaaya Namah.
(Touch your heart with your right hand.)

Om Braahmano'sya Mukhamaasid Baahu
Raajanyah Krutah.
Uru Tadasya Yadvaishyah
Padabhyaam Shudro Ajaayata. ||2||
Tarjanibhyaam Namah. Shirase Svaahaa.
(Touch your head with your right hand.)

Om Chandramaa Manaso Jatashchakshauh Suryo Ajaayata.
Mukhadindrashchaagnishcha Praanaadvaayurajaayata. ||3||
Madhyamaabhyaam Namah.
Shikhayai Vashat.

(Touch the tuft [shikha] on your head with your right hand.)

Om Naabhyaa Aasidantariksham Shirshnaa Dyauh Samavartata.
Padbhyam Bhumirdishah Shrotrattathaa Lokaan Akalpayan. ||4||
Anaamikaabhyaam Namah.
Kavachaaya Hum.

(Offer gandha, flowers, akshataa, turmeric-kumkum to the bell and bow down. Ring the bell and place it on the right side. Offer gandha, flowers, and turmeric-kumkum to the samai with a flower and bow down.)

(With both hands, touch from both shoulders to the navel, and rotate the right hand around oneself. Act as if wearing an armour.)

Om Saptaasyaasan Paridhayastrih
Sapta Samidhah Krutaah.
Devaa Yadyajnam Tanvaanaa
Abadhnanpurusham Pashum. ||5||
Kanishthikaabhyaam Namah.
Netratrayaaya Vaushat.

(Touch both eyes and the forehead with the right hand.)

Om Yajnen Yajnamayajanta Devaastaani
Dharmaani Prathamaanyaasan.
Te Ha Naakam Mahimaanah Sachanta
Yatra Purve Sadhyah Santi Devaah. ||6||
Karatalakaraprushthaabhyaam Namah.
Astraaya Phat.
Bhur Bhuvah Svarom Iti Digbandhah.

(Clap three times on the left hand with the ring finger and middle finger of the right hand.)

KALASHA PUJA

(Worship of Water Pot Pot)

(Place the right hand on the pot filled with pure water and chant the following mantras.)

Om Aa Kalasheshu Dhaavati
Pavitre Parivarchyate.
Ukthairyajnyeshu vardhate.
Kalashasya Mukhe Vishnuh
Kanthe Rudrah Samaashritah.
Mule Tatra Sthito Brahmaa
Madhye Matruganah Smritah.
Kukshau Tu Saagarah Sarve
Saptadvipaa Vasundharaa.
Rigvedo'tha Yajurvedah
Saamavedohyatharvanah.
Angaishcha Samhitaah
Sarve Kalasham Tu Samaashritah.
Atra Gaayatri Savitri Shaantih
Pushtikari Tathaa.

Aayantu Devapujaartham
Duritakshayakaarakaah.
Gange Cha Yamune Chaiva
Godaavari Saraswati.
Narmade Sindhu Kaaveri
Jale'smin Sannidhim Kuru.
Varunaaya Namah.
Kalashadevaatabhyo Namah.
Sakalapujarthe Gandhaakshatapushpaani
Samarpayaami.

(Saying this, offer gandha, akshataa, flowers, and tulsi leaves to the kalash. Then, recite the following shloka and pray to the kalash.)

Kalashah Kirtimaayushyam Prajnam
Medhaam Shriyam Balam.
Yogyataam Papahaanim Cha Punyam
Vruddhim Cha Yachhati.
Sarvatirthamayo Yasmaatsarvadevamayo
Yatah.
Ato Haripriyo'si Tvam
Purnakumbha Namo'stu Te.

SHANKHA PUJA

(Worship of the Conch)

Om Paanchajanyaaya Vidmahe
Pavamaanaaya Dhimahi.
Tannah Shankhah Prachodayat.
Shankadau Chandradaivatyam
Kuksho Varunadevataa.
Prushthe Prajaapatishchaiva
Agre Gangaa Saraswati.

PROKSHANA
(Sprinkling)

Sprinkle the puja materials and oneself with water from the kalash and conch using a tulsi leaf or durvaa grass, and perform prokshana by chanting this mantra:

Apavitrah Pavitro Vaa
Sarvaavastham Gato'pi Vaa.
Yah Smaret Pundarikaaksham
Sa Bahyabhyantarah Shuchih.

PRAANAPRATISHTHAA
(Enlivening the Idol)

Touch the deity with two durva grass and chant the following mantras:

Asya Shripraanapratishthaamantrasya Brahmaavishnumaheshwaraa Rishayah. Rugyajuh Saamaatharvaani Chhandaansi Paraa Praanashaktirdevata.
Aam Bijam. Hrim Shaktihi. Krim Kilakam.
Asyaam Murtau Devakalasannidhyartham Praanapratishthaapane Viniyogah.

Om Aam, Hrim, Kraum, Am Yam Lam Vam Sham Sham Sam Hum Ksham Aha Kraum Hrim Aam Devasya Praanaa Iha Praanaaha.
Om Aam, Hrim, Kraum, Am Yam Lam Vam Sham Sham Sam Hum Ksham Aha Kraum Hrim Aam Devasya Jiva Iha Sthitah.
Om Aam, Hrim, Kraum, Am Yam Lam Vam

Sham Sham Sam Hum Ksham Aha Kraum Hrim Aam Devasya Vanmanaschakshuh Shrotrajivhaaghraanapaani-Paadapaayupasthaadi Sarvendriyani Sukham Chiram Tishthantu Svaahaa. Om Asunite Punarasmaasuchakshuh Punah Praanavamihano Dhehibhogam. Jyok Pashyema Suryamuchcharantamanumate Mrulaya Nah Svasti.

(Release a spoonful of water into the taamhan and again touch the deity with durvaa grass.)

Asya Devasya Panchadashasanskarasiddhyartham Panchadasha Pranavaavruttih Karishye.

(Chant 'Om' [Pranava] fifteen times. Then, dip durvaa grass in ghee and apply it to the deity's right eye first, then to the left eye. While doing this, chant this mantra):

Om Tachchakshurdevahitam Shukram Uchcharat. Pashyema Sharadah Shatam Jivema Sharadah Shatam.

(With folded hands, chant the following mantra to the deity):

**Raktaambodhisthapotollusadarunasaroj-
aadhirudhaa Karaabjaih.
Paasham Kodandamikshu Udbhavamatha
Gunamapyankusham Panchabaanaan
Bibhraanaa Srukkapaalam
Trinayanalasitaa Pinavakshoruhaadhya.
Devi Balaarkavarnaa Bhavatu Sukha Kari
Praanashaktih Paraa Nah.**

(Now, understanding that divine energy and light have manifested in the deity, offer gandha, akshataa, and flowers at the feet of Shri Ganapati. Offer a food offering (naivedya) of jaggery, bananas, etc. Bow down.)

DHYAANAM

(Meditation)

(Close your eyes, keeping the image of Shri Ganesha in your mind's eye, join your hands, and say):

Om Ekadantaaya Vidmahe
Vakratundaaya Dhimahi.
Tanno Danti Prachodayaat.
Ekadantam Shurpakarnam
Gajavaktram Chaturbhujam.
Paashaankushadharam Devam Dhyaayet
Siddhivinaayakam.

Gajavadanamachintyam
Tikshnadamshtram Trinetram.
Brihadudaramashesham Bhutitaraajam
Puraanam.

Aagachha Devadevasha
Tejoraashe Jagatpate.

Kriyaamaanaam Mayaa
Pujaam Gruhaana Surasattama.
Shri Siddhivinaayaka Devataabhyo Namah.
Aavahanaarthe Akshataan Samarpayaami.

(Offer akshata.)

Meaning: O luminous Lord of Lords! Lord of the Universe! O best of Suras! Please accept this puja offered by me.

Aasana (Seat): The mantra for offering a seat to the deity after his arrival:

Naanaaratnasamaayuktam
Katavarnavibhushitam.
Aasanam Devadevasha Prityartham
Pratigruhyataam.
Shri Siddhivinaayakadevataabhyo Namah.

Meaning: O Lord of Lords! Adorned with various jewels and gold, I offer this seat to you for your pleasure. Please accept it. (Spread akshataa and offer as a seat.)

Paadya (Feet): Paadya means offering water to wash the feet of the deity.

Paadyam Gruhaana Devesha
Sarvakshemakaraprabho.
Bhaktya Samarpitam Deva Lokanatha
Namo'stu Te.
Shri Siddhivinaayakadevataabhyo Namah.
Paadyam Samarpayaami.

Meaning: O Lord of Lords! You are capable of ensuring the well-being of all. O Lord of the Worlds, I offer this water for washing your feet with utmost devotion. Please accept it. (Sprinkle water on Ganapati's lotus feet with a flower.)

Arghya (Offering of water for washing hands): Arghya means offering a handful of water to the deity for washing his hands after his feet have been washed. Put gandha, flowers, akshataa, durvaa grass, etc., into a spoonful of water (sandhyaa spoonful) and offer it to the deity as arghya.

Namaste Devadevesha
Namaste Dharanidhara.
Namaste Jagadaadhaara
Arghyam Me Pratigruhyataam.
Shri Siddhivinayakaaya Namah.
Hastayoho Arghyam Samarpayaami.

Meaning: O Lord of Lords! O Sustainer of the Earth! O Support of the Universe! Salutations to you. Please accept this arghya offered by me.

(Saying this, sprinkle a spoonful of water mixed with gandha and akshataa on Ganapati's body with a flower.)

Aachaman (Sipping of Water): Here, Aachaman means offering water to the deity.

Karpuravaasitam Toyam
Mandaakinyaah Samaahrutam.
Aachamyataam Jagannaatha Maya
Dattam Hi Bhaktitah.
Shri Siddhivinaayakadevataabhyo Namah.
Aachamaniyam Samarpayaami.

Meaning: O Lord of the world! I offer this Ganges water, with the fragrance of camphor, with heartfelt devotion.
(Saying this, release a spoonful of water into the taamhan.)

Panchaamrita Snaana (Bath with Five Nectars): Snaana means bathing the deity.

Gangaa Saraswati Revaa
Payoshni Narmadaajalaih.
Snaapito'smi Deva Tathaa
Shanti Kurushva Me.
Shri Siddhivinaayakaaya Namah.
Snaanam Samarpayaami.

Meaning: O God! I am bathing you with the waters of Ganga, Saraswati, Reva, Payoshni, Narmada, and other rivers. Please grant peace to my mind.

(Chanting this mantra, take water in a spoon and sprinkle it on Ganapati's body with durvaa or a flower. Then, bathe him with Panchaamrita chanting:)
'Payo Dadhi Dhutam Chaiva Madhu Sharkarayaa Yutam. Panchaamritena Stapana Priyataam Parameshvara.')

(Take water mixed with camphor, sandalwood, etc., in a spoon, add gandha and akshataa to it, and offer it.
Offer attar and akshataa to the deity. Bathe with warm water [warm a spoonful of water over the samai].)

PURVA PUJA

(Preliminary Worship)

Shri Siddhivinaayakaya Namah.
Vilepanarthe Chandanam Samarpayaami.
(Apply sandalwood paste.)

Shri Siddhivinaayakaya Namah.
Pujarthe Pushpaani Samarpayaami.
(Offer flowers.)

Shri Siddhivinaayakaya Namah.
Dhupam Samarpayaami.
(Offer incense.)

Shri Siddhivinaayakaya Namah.
Deepam Samarpayaami.
(Wave the niranjan lamp.)

**Shri Siddhivinaayakaya Namah.
Naivedyaarthe
Panchaamritasheshanaivedyam
Samarpayaami.**

(Offer Panchaamrita as naivedya.)
While offering naivedya recite the following:

**Om Praanaaya Svaahaa. Om Apaanaaya Svaahaa. Om Vyaanaaya Svaaha.
Om Udaanaaya Svaahaa. Om Samaanaaya Svaahaa.
Om Brahmane Svaahaa.**

Thereafter:

**Shri Siddhivinaayakaaya Namah.
Uttaraaposhanam Samarpayaami.
Hastaprakshalanam Samarpayami.
Mukhaprakshalanam Samarpayami.**

(Saying this, pour a spoon of water.)

Then recite:

**Shri Siddhivinaayakaaya Namah.
Mukhavaasaarthe Pugiphalataambulam
Dakshinaam Cha Samarpayaami.**

(Place two betel leaves, a betel nut, and dakshina [offering] in front of the deity and release water over them.)

Recite:

Shri Siddhivinaayakaaya Namah.
Mantrapushpam Samarpayaami.

(Saying this, offer gandha, flowers, and akshataa. Bow.)

Anena Purvaradhenena
Shri Siddhivinaayakaha Priyataam.

(Saying this, pour water. Remove the previously offered flowers from the deity and place them towards the north.)

SHRI GANESHA ATHARVASHIRSHA

Om Namaste Ganapataye.
Tvameva Pratyaksham Tattvamasi.
Tvameva Kevalam Kartaasi.
Tvameva Kevalam Dhartaasi.
Tvameva Kevalam Hartaasi.
Tvameva Sarvam Khalvidam Brahmaasi.
Tvam Saakshaadatmaasi Nityam. ||1||
Rutam Vachmi. Satyam Vachmi. ||2||
Ava Tvam Maam. Ava Vaktaaram.
Ava Shrotaaram. Ava Daataaram.
Ava Dhaataaram.
Avanuchaanam Ava Shishyam.
Ava Pashchattaat. Ava Purastaat.
Avottarattaat. Ava Dakshinaattaat.
Ava Chordhvaarattaat. Avaadharaattaat.
Sarvato Maam Paahi Paahi Samantaat. ||3||

Tvam Vaangmayastvam Chinmayah.
Tvamaanandamayastvam Brahmayah.
Tvam Sacchidaanandaadvitiyosi.
Tvam Pratyaksham Brahmaasi.
Tvam Jnaanamayovijnaanamayosi. ||4||
Sarvam Jagadidam Tvatto Jaayate.
Sarvam Jagadidam Tvattas Tishthati.
Sarvam Jagadidam Tvayi Layameshyati.
Sarvam Jagadidam Tvayi Pratyeti.
Tvam Bhumiraaponalonilo Nabhah.
Tvam Chatvaarivaakpadaani. ||5||
Tvam Gunatrayaatitah.
Tvamavasthaatrayaatitah.
Tvam Dehatrayaatitah.
Tvam Kaalatrayaatitah.
Tvam Mulaadhaarasthitosi Nityam.
Tvam Brahmaa Tvam Vishnustvam
Rudrastvam Indrastvam Agnistvam
Vayustvam Suryastvam Chandramaastvam
Brahma Bhurbhuvah Svarom. ||6||
Ganadim Purvamuchharyam
Varanaadimtadanantaram
Anuswaarah Paratarah.
Ardhendu Lasitam.
Tarena Ruddham.
Etat Tava Mana Svarupam.
Gakaarah Purvarupam.
Akaaro Madhyamarupam.

Anuswaarashchantyarupam.
Binduruttarupam. Nadah Sandhaanam.
Samhita Sandhih. Saisha Ganeshavidya.
Ganaka Rushih. Nichrudgaayatri
Chhandah. Ganapatirdevataa.
Om Gum Ganapataye Namah. ||7||
Ekadantaaya Vidmahe.
Vakratundaaya Dhimahi.
Tanno Danti Prachodayaat. ||8||
Ekadantam Chaturhastam
Paashamankushadharinam.
Radun Cha Varadam Hastairbibhraanam
Mushakadhvajam.
Raktam Lambodaram Shurpakarnakam
Raktavaasasam.
Raktagandhaanuliptaangam
Raktapushpaih Supujitam.
Bhaktaanukampinam Devam
Jagatkaaranamachyutam.
Avirbhutam Cha Srishtyaadau Prakruteh
Purushaatparam.
Evam Dhyaayati Yo Nityam Sa
Yogi Yoginaam Varah. ||9||
Namo Vraatapataye. Namo Ganapataye.
Namah Pramathapataye. |
Namaste astu Lambodaarayekadantaaya.
Vighnanaashine Shivasutaaya.
Shrivaradamurtaye Namo |

Namah. ||10||
Etadatharvashirsham Yodhite.
Sa Brahmabhuyaaya Kalpate.
Sa Sarvavighnairna Badhyate.
Sa Sarvatah Sukhamedhate.
Sa Panchamahaapaapaat Pramuchyate.
Saayamadhiyaano Divasakrutam
Paapam Naashayati.
Praataradhiyaano Ratrikrutam
Paapam Naashayati.
Saayam Praatah Prayunjaano Apaapo
Bhavati. Sarvatraa Dhiyaanopavighno
Bhavati. Dharmaarthakamoksham Cha
Vindati.
Idamatharvashirshamashishyaaya
Na Deyam.
Yo Yadi Mohad Daasyati.
Sa Papiyaan Bhavati. Sahastraavartanaat.
Yam Yam Kaamamadite.
Tam Tamanena Saadhayet. ||11||
Anena Ganapatimabhishinchati.
Sa Vaagmi Bhavati.
Chaturthyamanashran Japati.
Sa Vidyaavaan Bhavati.
Ityatharvan vaakyam.
Brahmaadyaavaranam Vidyaat.
Na Bibheti Kadaachaneti. ||12||

Yo Durvaankurair Yajati.
Sa Vaishravanopamo Bhavati.
Yo Lajair Yajati. Sa Yashovaan Bhavati.
Sa Medhaavaan Bhavati.
Yo Modakasahastrena Yajati.
Sa Vaanchhitaphalamavaapnoti.
Yah Saajyasamiddhibhir Yajati.
Sa Sarvam Labhate.
Sa Sarvam Labhate. ||13||
Ashtau Brahmanaan Samyag Graahayitvaa.
Suryavarchasvi Bhavati.
Suryagrahe Mahaanadyaam
Pratimaasanidhau Vaa Japtvaa.
Siddhamantro Bhavati.
Mahaavighnaat Pramuchyate.
Mahaadoshaat Pramuchyate.
Mahaapaapaat Pramuchyate.
Sa Sarvavit Bhavati. Sa Sarvavit Bhavati.
Ya Evam Veda. Ityupanishat. ||14||

Om Saha Naavavatu.
Saha Nau Bhunaktu.
Saha Viryam Karavaavahai.
Tejasvinaavadhitamastu.
Maa Vidvishaavahai.
Om Bhadram Karnebhih
Shrunuyaama Devah.
Bhadram Pashyemaakshabhiryajatraah.
Sthirairangai Stushtuvaansastunubhih.
Vyashema Devahitam Yad Ayuh. ||1||
Om Svasti Nah Indro Vruddhashravaah.
Svasti Nah Pushaa Vishvavedaah.
Svasti Nastaarkshyo Arishtanemih. |
Svasti No Bruhaspatirdadhaatu. ||2||

Om Shantih. Shantih. Shantih.

Vastra (Garment): Offering clothes to the deity after the anointing.

Sarvabhushanaadhike Saumyam
Lokalajjaanivaarane.
Mayopapaadite Tubhyam
Vaasasi Pratigruhyataam.
Shri Siddhivinaayakaaya Namah.
Vastropavastre Samarpayaami.

Meaning: O Lord, the best of all ornaments, gentle, that remove worldly shame, I offer these clothes to you. Please accept them.

Upavastra (Sacred Thread Offering): Offer the sacred thread to the deity

Devadeva Namastestu Traahi
Maam Bhavasaagaraat.
Brahmasutram Sottariyam
Gruhaana Purushottama.

Meaning: O Lord of Lords, O Supreme Being! Salutations to you. Please protect me from the ocean of worldly existence. Please accept this sacred thread (yajnopavita) along with the upper garment (uttariya).(Saying **'Yajnopavita Samarpayami'**, offer the sacred thread to the deity.)

Chandana (Sandalwood Paste): Applying sandalwood paste to the deity.

Shrikhandam Chandanam Divyam
Gandhaadhyam Sumanoharam.
Vilepanam Surashreshtha
Chandanam Pratigruhyataam.

Meaning: O Best of Gods! I am applying this divine, fragrant, and beautiful sandalwood paste to you. Please accept it.

(Saying 'Vilepanarthe Chandanam Samarpayami,' apply sandalwood paste to Ganapati with the ring finger of the right hand. Then, offer akshataa mixed with kumkum.)

Pushpa-Samarpan (Offering of Flowers):

Maalyadin Sugandhini
Malatyaadini Vai Prabho.
Mayaa Hrutaani Pujaartham
Pushpaani Pratigruhyataam.

Meaning: O Lord, fragrant flowers like jasmine, etc., have been brought by me for your worship. Please accept them.

(Offer red flowers to Ganapati. Offer a red lotus. After this, offer various leaves (patri) to Ganapati. In order, offer leaves of Madh Malati, Maka, Bilva, white Durva, Bori, Dhatura, Shami, Aghada, Kanher, Rui, Arjunpatra, Vishnukranta, Dasalb, Devadar, Marva, Pippal, Jai, Kewda, Agasti.)

Om Sumukhaaya Namah.
Maalatipatram Samarpayaami.
Ganaadhipaaya Namah.
Bhringarajapatram Samarpayaami.
Umaaputraaya Namah.
Bilvapatram Samarpayaami.
Gajaananaaya Namah. |
Shvetadurvam Samarpayaami.
Lambodaraaya Namah.
Badaripatram Samarpayaami.
Harasunaye Namah.
Dhatturapatram Samarpayaami.
Gajakarnaaya Namah.
Tulasipatram Samarpayaami.
Vakratundaaya Namah. |
Shamipatram Samarpayaami.
Gruhagrajaaya Namah.

Apaamargapatram Samarpayaami.
Ekadantaaya Namah.
Bruhatipatram Samarpayaami.
Vikataaya Namah.
Karavi Patram Samarpayaami.
Kapilaaya Namah.
Arkapatram Samarpayaami.
Gajadantaaya Namah.
Arjunapatram Samarpayaami.
Vighnaraajaaya Namah.
Vishnukrantapatram Samarpayaami.
Batave Namah.
Daadimapatram Samarpayaami.
Suraagrajaaya Namah.
Devadarupatram Samarpayaami.
Bhaalachandraaya Namah |
Marupatram Samarpayaami.
Herambaaya Namah.
Ashvatthapatram Samarpayaami.
Chaturbhujaaya Namah.
Jaatipatra Samarpayaami.
Vinaayakaaya Namah.
Ketakipatram Samarpayaami.
Sarveshvaraaya Namah.
Agastipatram Samarpayaami.
Durve Amrita
Sampanne Shatamule Shatankare.

Shatam Cha Hara Me Paapam
Shatamaayushya Vardhini.
Shri Siddhivinaayakaaya Namah.
Durvaankuraan Samarpayaami.
(Offer durvaa grass to Ganapati.)

ANGAPUJA

(Worship of Body Parts)

Angapuja means worshipping each limb of the deity with the following name mantras, by offering kumkum-laced rice and durvaa grass on that limb.

Om Shri Ganeshvaraaya Namah.
Padau Pujayaami. (Feet)
Om Vighnaraajaaya Namah.
Jaanuni Pujayaami.(Knee)
Om Akhuvaahanaaya Namah.
Uru Pujayaami. (Thigh)
Om Herambaaya Namah.
Katim Pujayaami.(Waist)
Om Kaamaarisunave Namah.
Naabhim Pujayaami. (Naval)
Om Lambodaraaya Namah.
Udaram Pujayaami. (Stomach)
Om Gaurisutaaya Namah.
Stanau Pujayaami.(Breast)

Om Gananaayakaaya Namah.
Hrudayam Pujayaami. (Heart region)
Om Sthulakarnaaya Namah.
Kantham Pujayaami. (Throat)
Om Skandagrajaaya Namah.
Skandhau Pujayaami. (Shoulder)
Om Paashahastaaya Namah.
Hastaan Pujayaami. (Four hands)
Om Gajavaktraaya Namah.
Vaktram Pujayaami.(Face)
Om Vighnaharte Namah.
Lalaata Pujayaami. (Forehead)
Om Sarveshvaraaya Namah.
Shirah Pujayaami.(Head)
Om Ganaadhipaaya Namah.
Sarvaanga Pujayaami. (All limbs)

SHRI GANESHA NAAMAAVALI

(110 Names of Ganesha)

1. Vighneshaaya Namah.
2. Vishvavaradaaya Namah.
3. Vishvachakshushe Namah.
4. Jagatprabhave Namah.
5. Hiranyarupaaya Namah.
6. Sarvaatmane Namah.
7. Jnanarupaaya Namah.
8. Jaganmayaaya Namah.
9. Urdhvaretase Namah.
10. Mahaabaahave Namah.
11. Ameyaaya Namah.
12. Amitavikramaaya Namah.
13. Vedavedyaaya Namah.
14. Mahaakaalaaya Namah.
15. Vidyaanidhaye Namah.
16. Anaamayaaya Namah.
17. Sarvajnaaya Namah.
18. Sarvagaaya Namah.
19. Shaantaaya Namah.

20. Gajaasyaaya Namah.
21. Chitteshvaraaya Namah.
22. Vigatajvaraaya Namah.
23. Vishvamurtayenamah.
24. Ameyaatmane Namah.
25. Vishvaaraadhaaya Namah.
26. Sanaatanaaya Namah.
27. Saamagaaya Namah.
28. Priyaaya Namah.
29. Mantrine Namah.
30. Sattvadhaaraaya Namah.
31. Suradhishaaya Namah.
32. Samastasaakshine Namah.
33. Nirdvadvaaya Namah.
34. Nirlokaaya Namah.
35. Amoghavikramaaya Namah.
36. Nirmalaaya Namah.
37. Punyaaya Namah.
38. Kaamadaaya Namah.
39. Kaantidaaya Namah.
40. Kaamarupine Namah.
41. Kaamaposhine Namah.
42. Kamalaakshaaya Namah.
43. Gajaananaaya Namah.
44. Sumukhaaya Namah.
45. Sharmadaaya Namah.
46. Mushakaadhipavaahanaaya Namah.
47. Shuddhaaya Namah.

48. Dirghatundaaya Namah.
49. Shripataye Namah.
50. Anantaaya Namah.
51. Mohavarjitaaya Namah.
52. Vakratundaaya Namah.
53. Shurpakarnaaya Namah.
54. Paramaaya Namah.
55. Yogishaaya Namah.
56. Yogadhamne Namah.
57. Umaasutaaya Namah.
58. Aapadahartre Namah.
59. Ekadantaaya Namah.
60. Mahaagrivaaya Namah.
61. Sharanyaaya Namah.
62. Siddhasenaaya Namah.
63. Siddhavedaaya Namah.
64. Karunaaya Namah.
65. Siddhaaya Namah.
66. Bhagavate Namah.
67. Avyagraaya Namah.
68. Vikataaya Namah.
69. Kapilaaya Namah.
70. Dhundhiraajaaya Namah.
71. Ugraaya Namah.
72. Bhimodaraaya Namah.
73. Shubhaaya Namah.
74. Ganaadhyakshaaya Namah.
75. Ganeshaaya Namah.

76. Ganaraadhyaaya Namah.
77. Gananaayakaaya Namah.
78. Jyotih Svarupaaya Namah.
79. Bhutaatmane Namah.
80. Dhumraketave Namah.
81. Anukulaaya Namah.
82. Kumaaragurave Namah.
83. Aanandaaya Namah.
82. Herambaaya Namah.
85. Vedastutaaya Namah.
86. Naagayajnopavitine Namah.
87. Durdharshaaya Namah.
88. Bala Durvaankurapriyaaya Namah.
89. Bhaalachandraaya Namah.
90. Vishvadhatre Namah.
91. Shivaputraaya Namah.
92. Vinaayakaaya Namah.
93. Lilasevitaaya Namah.
94. Purnaaya Namah.
95. Paramasundaraaya Namah.
96. Vighnandhakaaraaya Namah.
97. Sinduravadanaaya Namah.
98. Nityaaya Namah.
99. Vibhave Namah.
100. Prathamapujitaaya Namah.
101. Divyapaadaabjaaya Namah.
102. Bhaktamandaraaya Namah.
103. Shuramahaaya Namah.

104. Ratnasimhaasanaaya Namah.
105. Manikundalamanditaaya Namah.
106. Bhaktakalyaanaaya Namah.
107. Ameyaaya Namah.
108. Kalyaanagurave Namah.
109. Sahasrashirshne Namah.
110. Mahaaganapatayenamah.
Durvaankuraan Samarpayaami.

Dhoop (Incense): The practice of burning incense in front of the deity is to make the atmosphere fragrant and to dispel negative energies. This ritual can also be completed with incense sticks.

Vanaspati Rasodbhuto Gandhaadhyo Gandha Uttamah.
Aagreyah Sarvadevaanaam Dhoopoyam Pratigruhyataam.
Shri Siddhivinaayakaaya Namah.
Dhoopam Darshayaami.

(Wave the incense stick.)

Meaning: This incense, born from the essence of plants, excellent among fragrant substances, and therefore suitable for all deities to inhale, I offer to you. Please accept it.

Deepa Samarpan (Offering of Lamp): Deepa samarpan means waving the niranjan lamp.

Aajyam Cha Vartisamyuktam Vanninaa Yojitam Mayaa.
Deepam Gruhaana Devesha Trailokyatimiraapaha.
Shri Siddhivinaayakaaya Namah.
Deepam Darshayaami.

Meaning: O Lord of Lords, remover of the darkness of the three worlds! Please accept this lamp lit by me with ghee and excellent wicks.

At this time, light the niranjan lamp and wave it before the deity. Ring the bell.

Naivedya (Food Offering): Offering food to the deity.

Naivedya Gruhyataam Deva
Bhakti Me Hyaachalaa Kuru.
Ipsitam Me Varam Dehi Paratra Cha
Paraam Gatim.
Shri Siddhivinaayakaaya Namah.
Naivedyam Samarpayaami.

Meaning: O God! Accept this offering. Keep my devotion unwavering at your feet. Fulfil my desires in this world and grant me the highest state in the next world.

(While offering naivedya to the deity, say **'Om Udaanaya Svaahaa, Om Apaanaaya Svaahaa, Om Brahmane Svaahaa.'**)

NAIVEDYA

Place offerings like jaggery, coconut, ladoos, modaks, pedhas, etc., in a plate. Place a tulsi leaf and durvaa grass on them. Make a square pattern with water under the plate, and offer the naivedya with the following mantras. Chant Svaahaakaar twice. In between, offer water for Aachaman (one spoonful) and then for Uttaraaposhan, Mukhprakshaalana, and Hastaprakshaalana (three spoonfuls of water).)

Naivedyam Gruhyataam Deva Bhaktim Me Hayachalaam Kuru.
Ipsitam Me Varam Dehi Paratra Cha Paraam Gatim.
Sharkaraakhanda Khaadyaani Dadhikshiraghrutaani Cha
Aahaaram Bhakshyabhojyam Cha Naivedya Pratigruhyataam.

Shri Siddhivinaayakaaya Namah.
Naivedyam Samarpayaami.

(Mention the name of the food item, for example, 'Gudakhaadya Naivedyam, Modaka Naivedyam, etc.)

Om Praanaaya Svaahaa. Om Apaanaaya Svaahaa. Om Vyaanaaya Svaahaa. Om Udaanaaya Svaahaa. Om Samaanaaya Svaahaa. Om Brahmane Svaahaa. Naivedyam Madhye Paaniyam Samarpayaami.

(Release one spoonful of water into the taamhan.)

Om Praanaaya Svaahaa. Om Apaanaaya Svaahaa. Om Vyaanaaya Svaahaa. Om Udaanaaya Svaahaa. Om Samaanaaya Svaahaa. Om Brahmane Svaahaa. Uttaraaposhanam Samarpayaami. Mukhaprakshaalanam Samarpayaami. Hastaprakshaalanam Samarpayaami.

(Release three spoonfuls of water into the taamhan.)

Malayaachalasambhutam Karpurena Samanvitam. Karodvartanakam Chaaru Gruhyataam Jagatah Pate. Shri Siddhivinaayakaaya Namah. Karodvartanaarthe Chandanam Samarpayaami.

(Apply gandha and akshataa to a flower and offer it to the deity.)

TAMBUL

(Betel Leaf Offering)

Pugiphalam Mahad Divyam
Naagavallyaa Dalairyutam.
Karpurailaasamaayuktam
Tambula Pratigruhyataam.
Shri Siddhivinaayakaaya Namah.
Pugiphala-Tambula Samarpayaami.

(Place betel leaf and betel nut in front of the deity and release one spoonful of water over them from your right hand.)

PHALE

(Fruits)

Phalena Phalitam Sarva
Trailokyam Sacharaacharam.
Tasmaat Phalapradaanena
Saphalashcha Manorathaah. Shri
Siddhivinaayakaaya Namah.
Naarikelaadiphalani Samarpayaami.

ARGHYAPRADAAN

(Offering of Arghya)

Pujaaphalapraptyartham
Arghyapradaanam Karishye.

(Saying this, take some coins and a betel nut in your right hand, along with two durvaa grass, gandha, akshataa, and flowers, add water with a spoon, and release all the arghya downwards. Do this three times.)

Namaste Devadevesha
Namaste Vighnanaashaka.
Namo Bhaktaanukampa Deva
Gruhaanaarghyam Namostu Te.
Shri Siddhivinaayakaaya Namah.
Idam Arghyam Dattam Na Mama.
Ganeshaaya Namastubhyam
Sarvakaamaphalaprada.
Vaanchhitam Dehi Me Nityam

Gruhaanaarghyam Namostu Te.
Shri Siddhivinaayakaaya Namah.
Idam Arghyam Dattam Na Mama.
Vratamudishya Devesha
Gandhapushpaakshatairyutam.
Arghyam Gruhaana Devesha Mama
Saukhyam Vivardhaya.
Shri Siddhivinaayakaaya Namah.
Idam Arghyam Dattam Na Mama.

PRAARTHANAA

(Prayer)

Yanmayaa Charitam Deva
Vratametat Sudurlabham.
Ganesha Tvam Prasannasana
Saphala Karu Sarvadaa.
Vinaayaka Ganeshaaya
Sarvadevanamaskruta.
Paarvatipriya Vighnesha Mama
Vighnaanivaaraya.
Aavaahanam Na Jaanaami Na Jaanaami
Tavaarchanam.
Pujaam Chaiva Na Jaanaami Kshamyataam
Parameshvara.
Mantraheenam Kriyaheenam
Bhaktiheenam Sureshvara.
Yatpujitam Maya Deva Paripurnam
Tadastu Me.
Anyathaa Sharanam Naasti Tvameva
Sharanam Mama.

Tasmaat Kaarunyabhaavena
Rakshasva Parameshvara.
Aparaadhasahasraani Kriyante Harnisham
Mayaa.
Daso Yamiti Maam Matvaa Kshamasva
Parameshvara.
Gatam Paapam Gatam Dukhham
Gatam Daaridryamevacha.
Aagataa Sukhasampattih Punyashcha
Tava Darshanaat.
Rupam Dehi Jayam Dehi
Yasho Dehi Dvisho Jahi.
Putraan Dehi Dhanam Dehi Sarvaan
Kaamaashcha Dehi Me.
Yasya Smrutyaa Cha Naamoktyaa
Tapah Pujakriyaadishu.
Nyunam Sampurnataam Yati Sadyo
Vande Namachyutam.

(Perform full prostration (Saashtaang Namaskar).)

TIRTHAGRAHAN
(Acceptance of Holy Water)

(Drink one spoonful of the holy water from the abhishek [anointing] and panchaamrita snaana.)

Akaalamrutyuharanam
Sarvavyaadhivinaashanam.
Devapadodakam Tirtham Jathare
Dhaarayaamyaham.

(Then, release a spoonful of water from your right hand into the taamhan and pray to the deity.

Place dakshina [offering] as per your capacity in front of the deity on one betel leaf and release water over it. Wave the niranjan lamp to the deity. Ignite camphor and wave it before the deity.)

Shri Siddhivinaayakaaya Namah
Mantrapushpam Samarpayaami.

(Take gandha, akshataa, and flowers and offer them at the feet of Shri.)

Anena Mayaa Yathaajnaanena
Yathaamilitopachaaradravyai
Krutapujanena Bhagavaan Shri
Siddhivinaayakadevata Priyataam.
Namo Namo Vighnavinaashaaya
Namo Namasraahi Krupakaraaya.
Namostute Abhishtavarapradaaya
Tasmai Ganeshaaya Namo Namaste.
Mangalamurti Morayaa
Om Tat Sat Brahmaarpanamastu.

(Saying this, release the water for the completion of the puja. Bow. Then, sing the aartis.)

VISARJANA MANTRA
(Immersion)

Yaantu Devaganaah Sarve
Pujaamaadaaya Maayakeem.
Ishtakaama Prasidhyartham
Punaraagamanaaya Cha. ||1||
Sarvadevataayai Namah.

Meaning: May all divine beings accept this puja and return to their abodes. May they return again for the fulfilment of our desired tasks. Salutations to all deities.

Uttarapuja (Concluding Worship): (Time for Uttarapuja - on Rishi Panchami, or on the day of Gauri Visarjan, or on Anant Chaturdashi, perform Ganesha Visarjan.)

Aachamya Shri Siddhivinaayaka
Mahaaganapatiprityartham
Gandhaadipachopacharaihi
Uttarapujanam Karishye.
Mahaaganapataye Namah.
Vilepanarthe Chandanam Samarpayaami.
Akshataa Haridram Kumkuma Cha
Samarpayaami.
Shri Mahaaganapataye Namah.
Sindoora, Durvankuran
Kaalodbhavapushpaani Cha
Samarpayaami.

(Chanting the above mantras, offer gandha, flowers, akshataa, turmeric-kumkum, durvaa grass, and sindoor to Ganapati.)

Shri Mahaaganapataye Namah.
Dhoopam Samarpayaami.
Mahaaganapataye Namah.
Deepam Samarpayaami.
Mahaaganapataye Namah.
Naivedyam Samarpayaami.

(Chanting the above mantras, offer incense and lamp to Ganapati. Then offer Naivedya. Light camphor and perform Aarti. At the end of the puja, recite the Mantrapushpa and Praarthanaa mantras.

After Aarti, Mantrapushpa, and Praarthanaa are done, offer Dahi-Pohe [curd and flattened rice] and fried Modaks as Shidori (travel provisions) to Ganapati. These items should be immersed along with Ganapati.)

Anena Kruta Uttaraaraadhanena Tena Shri Bhagavaan Siddhivinaayakaha Saangah Saparivarah Priyataam. Om Tat Sat.

(After completing all the above rituals, all family members should bow to the deity. Then, sprinkle akshataa on Ganapati chanting the mantra given below and move Ganapati towards the North.)

Yaantu Devaganaah
Sarve Pujaamaadaaya Parthivim.
Ishtakaamaprasiddhyartham
Punaraagamanaaya Cha.
Om Tat Sat Brahmaarpanamastu.

Meaning: May all divine beings, accepting this earthly puja, depart for the fulfilment of all desires and for their return again.

|| SHRI GANESHA AARATI ||

Sukhakartaa, Dukhahartaa,
Vaartaa Vighnaachi |
Noorvi Poorvi Prem Krupaa Jayaachi |
Sarvaangi Sundar Uti-shenduraachi |
Kanthi Jhalke Maal Muktaaphalaanchi |
Jai Dev, Jai Dev, Jai Mangal Murti |
Darshan Maatre Mana Kaamanaa Purti |
Jai Dev Jai Dev ||

Ratnakhachit Pharaa Tujh Gaurikumaraa|
Chandanaachi Uti Kumkum Kesharaa|
Hire Jadita Mukuta Shobhato Baraa|
Runjhunati Nupure Charani Ghaagariya|
Jai Dev, Jai Dev, Jai Mangal Murti|
Darshan Maatrc Maan Kaamanaa Purti|
Jai Dev Jai Dev||

Lambodar Pitaambara Phanivara
Vandanaa|
Saral Sonda, Vakratundatrinayanaa|
Daas Ramaachaa Vaat Pahe Sadanaa|
Sankati Paavaave, Nirvaani Rakshaave,
Suravar Vandanaa|
Jai Dev, Jai Dev, Jai Mangal Murti|
Darshan Matre Mana Kaamanaa Purti|
Jai Dev Jai Dev||

|| GHALIN LOTAANGAN ||

Ghalin lotaangan, vandin charan |
Dolyani pahin, roop tujhe |
Preme aalingin, aanande poojin |
Bhaave ovaaleen mhane namaa ||

Tvamev maataa cha Pitaa tvamev |
Tvamev bandhuscha sakha tvamev |
Tvamev Vidyaa dravinam tvamev |
Tvamev sarvam mama dev dev ||

Kayen vaacha manasendriyenva |
Buddhayaatmnaa vaa prakrutiswabhavaat |
Karomi yadhyat sakalam parasmai |
Naraayanaayeti samarpayaami ||

Achyutam, Keshavam, Ramanaarayanam,
Krishnadaamodaram, Vaasudevam bhaje|
Shridharam, Maadhavam,
Gopikaavallabham, Jaanaki Naayakam,
Raamchandram bhaje ||

Hare Raam, Hare Raam, Raam,
Raam Hare Hare |
Hare Krishna, Hare Krishna
Krishna, Krishna Hare Hare ||

|| AARATI GAJAANANAACHI ||

Aarati karu tuja Gajavadanaa |
Mayureshvar danti vadanaa re ||

Agrapoojechaa Tu Adhikaari |
Gauriharaache tanayaa re |
Paarvatiche stanapaan karaayaa |
Udari Vishnu aalaa re ||

Kirit kundale haar viraajit |
Chhatrachaamare jhalakati re |
Sundar damaru sondachi baravi |
Durvaankur bahu priti re ||

Bhaavalochanaa bhavabhaya haranaa |
Suhaasya Mushaka vaahanaa re |
Brahmaa Vishnu Dhyaati nirantar |
Aavad karuni tav charanaa re ||

Shambhunandanaa Shivasut sadanaa |
Riddhi Siddhi pati ramanaa re |
Varadahasta tu thevi dayaalaa |
Maharaja Ganaraaya re ||

ABOUT INDUS SOURCE BOOKS

Indus Source Books is a niche, independent book publisher in Mumbai passionately committed to publishing good and relevant literature. We believe that books are one of the most important mediums of communication and we seek to bring out publications that help to serve the community and the world we live in.

At Indus Source Books, we celebrate the diverse spiritual traditions, culture, and history of the world and present it to our readers in a contemporary format that retains its essential flavour: 'Indian Spirit, Universal Wisdom.'

Use the QR code below to visit our website www.indussource.com.

Indus Source Books
42/43C, Balaji Bhavan, Sakal Bhavan Road
Sector 11, CBD Belapur, Navi Mumbai 400614.
www.indussource.com | info@indussource.com